D1844328

Ein positives Wort für jeden Tag

NORMAN VINCENT PEALE

Ein positives Wort für jeden Tag

Heute fängt Dein Leben an

OESCH VERLAG

Titel der amerikanischen Originalausgabe:
Have a Great Day. Spirit Lifters for Positive Living.
A Giniger Book. Published in Association
with Fleming H. Revell Company, Old Tappan, New Jersey, USA.
© 1985 by Norman Vincent Peale
Aus dem Amerikanischen übertragen
und zum Teil bearbeitet von
Margrit Elisabeth Wettstein

Die Deutsche Bibliothek – CIP-Einheitsaufnahme

Peale, Norman Vincent:

Ein positives Wort für jeden Tag : heute fängt Dein Leben an / Norman Vincent Peale. [Aus dem Amerikan. übertr. und zum Teil bearb. von Margrit Elisabeth Wettstein]. – Neuausg. – Zürich : Oesch, 1999

Einheitssacht.: Have a great day <dt.>
Früher u. d. T.: Peale, Norman Vincent: Heute fängt dein Leben an
ISBN 3-85833-481-2
Alle Rechte vorbehalten
Nachdruck in jeder Form sowie die Wiedergabe
durch Fernsehen, Rundfunk, Film, Bild- und Tonträger
oder Benutzung für Vorträge, auch auszugsweise,
nur mit Genehmigung des Verlags

© der deutschen Ausgabe 1985 by
Oesch Verlag AG, Zürich
Neuausgabe 1999

Umschlagphotos: Peter Studer, Bern
Druck und Bindung: Franz Spiegel Buch GmbH, Ulm

ISBN 3-85833-481-2

2 4 6 8 7 5 3 1

Mit meinem Dank an

Nancy Dakin

für ihre Hilfe beim Erstellen
dieses Manuskriptes

Zum Gebrauch dieses Buches

Wir alle brauchen, scheint es, tagtäglich etwas, das unsere Energie und unsern Enthusiasmus immer wieder aufs neue anspornt. Und da wirkt vielleicht nichts so sehr wie ein anregender, motivierender Gedanke.

Ein alter englischer Spruch lautet: «An apple a day keeps the doctor away.» («Ein Apfel pro Tag hält den Doktor fern.») Könnte man nicht auch sagen, ein ermunternder Gedanke pro Tag halte die Schatten fern und lasse das helle Licht der Hoffnung und Freude herein?

Seit vielen Jahren habe ich mir angewöhnt, meinem Geiste jeden Tag irgendeinen anregenden Gedanken einzugeben und mir vorzustellen, wie er in mein Bewußtsein dringt. Dabei habe ich an mir selbst die Erfahrung gemacht, daß sich solche Gedanken nach und nach in der Einstellung niederschlagen. Ich habe sie zuweilen «Stimmungsheber» genannt, denn genau das sind sie. Und «Stimmungshebung» brauchen wir alle.

Ich habe solch ausgewählte Ideen auch schon mit einer Art geistiger Klimaanlage verglichen; denn so, wie die Luft eines Raumes mit einer Klimaanlage verändert werden kann, läßt sich das Geistesklima mit bestimmten Gedanken verändern. Und ein Gedanke vermag in entscheidendem Maße zu bestimmen, wie man sich geistig, seelisch und körperlich fühlt. Um jeden Tag zu einem guten Tag zu machen, ist es gewiß von Nutzen, gute Gedanken zu hegen und sich jeden Tag auf mindestens einen zu konzentrieren.

In diesem Buche werden daher 366 ermunternde und positive Gedanken vorgelegt – einer für jeden Tag des Jahres, den Schalttag eingeschlossen. Ich wünschte mir, Sie hätten das Buch stets griffbereit auf Ihrem Schreibtisch, auf Ihrem Nachttisch, in der Küche oder Sie hätten gar an jedem Orte ein Exemplar. Greifen Sie zu dem Buche, wenn Sie sich niedergeschlagen fühlen, und lesen Sie den Gedanken des entsprechenden Tages. Und vermag einer nicht zu helfen, so lesen Sie ein paar weitere.

Zögern Sie nicht, Gedanken, die Sie besonders ansprechen, zu bezeichnen. Blättern Sie in dem Buche, nehmen Sie sich bestimmte Stellen noch einmal vor, und lesen Sie sie immer und immer wieder. Wiederholtes Lesen hilft einem, einen nützlichen Gedanken im Geiste zu verankern. Und je tiefer sich ein Gedanke verankert, desto nachhaltiger wird er sich auf Ihr Wohlbefinden auswirken.

Verspüren Sie den Wunsch, einen bestimmten Gedanken aus dem Buche auszuschneiden, um ihn in der Brief-, der Rock- oder der Handtasche bei sich tragen zu können, so lassen Sie sich nicht von der Ansicht abhalten, ein Buch dürfe nicht verstümmelt werden. Ein Buch ist nur ein Werkzeug, das man zum eigenen Wohle gebrauchen soll. Und wenn Sie finden, Sie hätten es zu sehr zerschnitten, können Sie sich immer noch ein neues Exemplar beschaffen. Dieses Buch soll den Zweck einer Hausapotheke für gesundes Denken erfüllen. Nehmen Sie die Arznei daraus, und werden Sie zu einem gesünderen, glücklicheren Menschen!

Ich möchte Ihnen auch die, wie ich sie nenne, «Hemdentaschen-Methode» empfehlen. Meine Hemdentasche spielt für mich eine wichtige Rolle, stecke ich doch Karten darein, auf die ich Sprüche und Zitate notiert habe. Auf einige Karten schreibe ich auch meine Ziele. Die Karten in die Hemdentasche stecken bedeutet die Zitate aufs Herz legen, was den emotionellen Faktor unterstreicht. Ich lese diese Karten mehrmals, bis sie durch einen Vorgang geistiger Osmose aus dem Bewußtsein ins Unterbewußte übergehen und damit bestimmend werden.

Doch wie Sie auch die täglichen Gedanken dieses Buches einsetzen – ich hoffe aufrichtig, sie werden Ihnen helfen, jeden Tag zu einem guten Tag zu machen.

Norman Vincent Peale

Das neue Jahr (Winter):

JANUAR

1. Januar

Am Neujahr nehmen wir uns gewöhnlich vor, etwas aufzugeben. Es gibt ein psychologisches Gesetz des Aufgebens. Es lautet: Je mehr man daran arbeitet, etwas aufzugeben, desto leichter fällt einem das Aufgeben. Ich weiß das aus eigener Erfahrung, denn ich habe mich lange bemüht, keine dick machenden Speisen mehr zu essen. Doch schließlich fand ich heraus, wie man das mit Erfolg macht. Man läßt sie bei einer Mahlzeit aus, dann bei zweien, dann bei dreien. Jetzt wird es langsam hart. Also wird man selbst härter und läßt sie den ganzen nächsten Tag aus – und den nächsten. Nach einer Weile beginnt Stolz mitzuspielen, um einem zu helfen. Man fängt an, sich mit all den Dingen zu brüsten, die man nicht gegessen hat. Dann zeigt man stolz auf seinen Gürtel, denn man hat ihn mittlerweile im letzten Loch festgeschnallt. Das nennt man positives Aufgeben, und es läßt sich auf alles anwenden, was man in seinem Leben ändern will.

2. Januar

Jedermann vermag mit sich selbst so gut wie alles zu machen, was er wirklich will und er zu machen beschließt. Wir alle sind zu Größerem fähig, als wir uns bewußt sind. Wieviel jemand tatsächlich vollbringt, hängt weitgehend ab von: 1. dem Wunsche, 2. dem Glauben, 3. der beharrlichen Anstrengung und 4. der

Fähigkeit. Doch wenn es an den ersten drei Faktoren mangelt, wird Fähigkeit den Mangel nicht aufwiegen. Konzentrieren Sie sich daher auf die ersten drei, und Sie werden über die Ergebnisse staunen.

3. Januar

Der Weg zum Erfolg: Haben Sie ein klares Ziel vor Augen, nicht ein vages. Schärfen Sie dieses Ziel, bis es in Ihrem Bewußtsein genau und klar definiert dasteht. Halten Sie es da fest, bis es durch den Vorgang geistiger Osmose, von dem ich in meiner Einleitung zu diesem Buche gesprochen habe, in Ihr Unterbewußtes dringt. Dann werden Sie es nicht mehr loslassen, weil es Sie nicht mehr losläßt. Untermauern Sie dieses Ziel fortwährend mit positiven Gedanken und mit Glauben. So wird der Erfolg erzielt.

4. Januar

Einen Tag im voraus zu einem guten Tag zu erklären heißt mit ziemlicher Sicherheit, daß man auch einen guten Tag haben wird. Stehen Sie nach dem Aufwachen auf, strecken Sie sich voll durch, und sagen Sie laut: «Das wird ein guter Tag.» Was Sie mit Bestimmtheit sagen, ist eine Art Befehl, eine positive, bejahende Einstellung, die Ihnen zu guten Ergebnissen verhilft.

5. Januar

Schreiten Sie zuversichtlich und energisch voran, packen Sie Probleme an, und erwarten Sie günstige Resultate. Erwachsen ihm Hindernisse oder Schwierigkeiten, so faßt sie der positiv Denkende als schöpferische Chancen auf. Er begrüßt die Herausforderung durch ein schwieriges Problem und sucht Wege, etwas Gutes daraus zu machen. Diese Einstellung ist ein Schlüsselfaktor in eindrücklichen Lebensläufen.

6. Januar

Bei Dünkirchen hing das Schicksal der britischen Nation davon ab, die Kämpfenden von den Stränden weg- und nach England zurückzubringen. In der schwierigsten Stunde eilte ein Oberst zu General Alexander und rief: «Unsere Lage ist katastrophal!» Der General erwiderte: «Oberst, ich verstehe keine großen Worte. Sehen Sie ganz einfach zu, daß diese Männer von hier wegkommen!» Das ist die Denkart, die es in Krisensituationen braucht. Tun Sie schlicht und einfach das Notwendige.

7. Januar

Angst kann uns in unserer Jugend befallen und mit der Zeit all unser Denken mit tiefen Spuren der Furcht zeichnen. Lassen Sie, um ihr entgegenzuwirken, Glaube, Hoffnung und Mut in Ihrem Denken Platz finden. Angst ist stark, doch Glaube ist noch stärker. Die Bibel lehrt uns: «... Und er legte seine rechte Hand auf mich und sprach: Fürchte dich nicht! ...» (Offenbarung 1,17). Seine Hand ruht stets auch auf Ihnen.

8. Januar

Zorn ist immer eine hitzige Gemütsbewegung. Um eine solche Emotion abzubauen, muß man sie abkühlen. Manche Leute zählen zu diesem Zwecke auf zehn. Doch vielleicht sind die ersten paar Worte des Vaterunsers noch wirksamer: «Vater unser, der du bist im Himmel, geheiliget werde dein Name» (Matthäus 6,9). Sagen Sie das zehnmal, und der Zorn wird seine Kraft verlieren.

9. Januar

Einmal, als ich das Gefühl hatte, meine Sache auf der Kanzel an einem Sonntag morgen besonders schlecht gemacht zu haben, weil ich das Beste zu sagen vergessen und dafür das Schwächste gesagt hatte, war mir ziemlich elend zumute. Da klopfte mir ein alter Prediger, zu seiner Zeit ein gewandter Redner, auf die Schulter und meinte tröstend: «Machen Sie sich nichts daraus, junger Mann. Vergessen Sie's. Die Kirchgemeinde wird es vergessen, und wenn Sie es auch tun, so herrscht wenigstens Einstimmigkeit.»

10. Januar

Ralph Rockwell werde ich nie mehr vergessen. Er war der Pächter auf unserm Landgut. Ralph war ein Neuengländer der alten Schule; er kümmerte sich um das Gut, als sei es sein eigenes. Als ich mir einmal anmaßte, ihm einen Rat zu geben, sagte er zu mir: «Wissen Sie, was? Kümmern Sie sich ums Predigen, und ich kümmere mich um die Landwirtschaft.» Man tut gut daran, Ratschläge nicht nur zu erteilen, sondern auch anzunehmen.

11. Januar

George Reeves war ein gewaltiger Mann: 1,85 Meter groß und 108 Kilo schwer. Er war mein Lehrer im fünften Schuljahr. Während des Unterrichts schrie er jeweils plötzlich: «Ruhe!» Dann schrieb er in großen Blockbuchstaben an die Wandtafel KANN NICHT. Indem er sich wieder der Klasse zuwandte, fragte er: «Und jetzt – was soll ich jetzt tun?» Wir wußten, worauf er hinauswollte, und schallten im Chor: «Das NICHT auswischen!» Mit einer schwungvollen Bewegung löschte er es, und an der Wandtafel zurück blieb das Wort KANN. Und während er sich die Kreide von den Fingern wischte, sagte er: «Das soll euch eine Lektion sein: Ihr *könnt*, wenn ihr denkt, ihr könnt.»

12. Januar

Der Schauplatz war Korea, die Zeit Mitternacht. Es war bitter kalt, die Temperatur weit unter Null. Für den Morgen stand ein großer Kampf bevor. Ein stämmiger US-Marinesoldat lehnte an einem Panzer und aß mit einem Taschenmesser kalte Bohnen aus einer Konservenbüchse. Ein Zeitungskorrespondent, der ihn beobachtete, fühlte sich veranlaßt, ihm eine philosophische Frage vorzulegen: «Wenn ich Gott wäre», sagte er, «und dir geben könnte, was du dir am meisten wünschst, worum würdest du bitten?» Der Soldat spießte sich eine weitere Messerspitze voll Bohnen aus der Büchse, dachte nach und erwiderte: «Um morgen.» Vielleicht würden wir alle darum bitten – um ein gutes Morgen.

13. Januar

Mein College-Kollege Judson Sayre begann mit nichts und wurde zu einem der erfolgreichsten Verkäufer der Vereinigten Staaten. Bei einem Nachtessen in seiner Wohnung in Chicago kamen wir darauf zu sprechen, wie man sich einen guten Tag mache – denn er verstand sich darauf. «Komm, schau dir meinen Spiegel an», forderte er mich auf. Er hatte einen Zettel daran geklebt, auf dem stand:

Willst du einen guten Tag?
Glaube an einen guten Tag.
Bete für einen guten Tag.
Verdiene einen guten Tag.
Nimm Gott mit dir für einen guten Tag.
Mach dich an die Arbeit, und mach den Tag zu einem guten Tag.

14. Januar

Eine Zeitlang wohnte ich im Norden des Staates New York, wo der Winter ganz schön kalt ist. Auf den Straßen bildete sich jeweils Eis, dann taute es, und dann bildete sich erneut Eis. Wurde es Frühling, so waren die Straßen mittlerweile arg beschädigt und zerfurcht. Eines Tages anfangs April kam ich zu einer Stelle, wo die Straße besonders schlecht war und wo jemand eine selbstgebastelte Tafel aufgestellt hatte, auf der stand: «Wählen Sie Ihr Geleise gut. Sie werden die nächsten vierzig Kilometer darin verbringen.» Keine schlechte Idee, sich aufs rechte Gleis zu begeben, nicht wahr?

15. Januar

Es war offensichtlich, daß er ein glücklicher Mensch war. Er hieß Joe und war Besitzer einer kleinen Imbißstube, die ich eines Abends entdeckte. So ungefähr ein Dutzend Stühle waren besetzt, vorwiegend von älteren

Männern und von ein paar älteren Frauen aus der Nachbarschaft. Joe stellte eine dampfende Schale Suppe vor einen alten Mann, dessen Hände zitterten. «Mamie hat sie eigens für Sie gemacht, Herr Jones», sagte er – und dann zu einer älteren Frau gewandt, die unsichern Schrittes auf die Tür zuging: «Seien Sie vorsichtig, Frau Hudson; die Autos fahren schnell da draußen. Ach ja, und schauen Sie sich den Vollmond über dem Fluß an – sieht wunderschön aus heute abend.» Ich saß da und sagte mir, Joe sei glücklich, weil er die Menschen richtig gern habe.

16. Januar

Der «Als-ob»-Grundsatz funktioniert. Handeln Sie, «als ob» Sie keine Angst hätten, und Sie werden mutig werden, «als ob» Sie könnten, und Sie werden feststellen, daß Sie können. Tun Sie so, «als ob» Sie einen Menschen gut leiden könnten, und Sie werden zu einer Freundschaft kommen.

17. Januar

Die Einstellung ist wichtiger als Tatsachen. Sicher kann man einer Tatsache nicht aus dem Wege gehen, doch die Einstellung, mit der wir an sie herangehen, ist das Ausschlaggebende. Das Geheimnis des Lebens liegt nicht in dem, was uns widerfährt, sondern darin, was wir mit dem tun, was uns widerfährt.

18. Januar

Wir können Erstaunliches vollbringen, wenn wir einen starken Glauben haben, unser Wunsch groß genug ist und wir beharrlich sind.

19. Januar

Am allerbesten kann man sich von seinen eigenen Sorgen ablenken, wenn man versucht, jemand anderm zu helfen, mit den seinen fertig zu werden. Ein altes chinesisches Sprichwort lautet: «Wenn ich einen andern aus seinen Sorgen ausgrabe, so ist das Loch, aus dem ich ihn heraushebe, die Stelle, an der ich meine eigenen begrabe.»

20. Januar

William James* hat gesagt: «Glaube daran, daß du bedeutende Reserven an Gesundheit, Energie und Ausdauer hast, und dein Glaube wird dir helfen, die Tatsache zu schaffen.»

21. Januar

Ein Mann, der eine Reihe schwerer Schicksalsschläge erlitten hatte, sagte etwas, das mir gefiel: «Ich

* *William James,* 1842–1910; amerikanischer Psychologe und Philosoph. Anm. d. Übers.

bin durchgekommen, weil ich entdeckte, daß eine Stehauffähigkeit in mir eingebaut ist.»

22. Januar

Ein wunderlicher alter Prediger sagte, als er über einen wohlbekannten Text sprach: «Nun aber bleibt Glaube, Hoffnung, Liebe, diese drei; am größten aber unter diesen ist der gesunde Menschenverstand.»

23. Januar

Erschöpfen Sie sich nicht im Bestreben, mit anderen zu wetteifern. Arbeiten Sie an sich selbst, indem Sie mit sich selbst wetteifern. Trachten Sie immer wieder aufs neue danach, sich selbst zu übertreffen.

24. Januar

Leben und arbeiten Sie *mit Begeisterung.* Nehmen Sie Erfolge *mit Dankbarkeit* an. Treten Sie Mißerfolgen *mit Gelassenheit* entgegen – das heißt mit einer «Na-und?»-Einstellung. Und bemühen Sie sich, das Leben so zu nehmen, wie es kommt, also *mit einer philosophischen Haltung.*

25. Januar

Gestern hat letzte Nacht aufgehört. Jeder Tag ist ein neuer Anfang. Lernen Sie vergessen. Und gehen Sie weiter.

26. Januar

Selbstvertrauen und Mut hängen ab von der Art Gedanken, die man hat. Hegt man über lange Zeit negative Gedanken, so wird man negative Folgen erzielen. Das Unterbewußte ist sehr gefällig und anpassungsfähig. Es schickt einem genau das herauf, was man ihm hinunterschickt. Schickt man ihm andauernd Gedanken der Angst und des eigenen Unvermögens, so wird es einem just dies zurücksenden. Übernehmen Sie die Kontrolle über Ihren Geist, und beginnen Sie, ihn mit gesunden, positiven und mutigen Gedanken zu erfüllen.

27. Januar

Es gibt ein Drei-Punkte-Programm, wenn man etwas mit sich selbst anfangen will: Sich finden, sich motivieren, sich verpflichten. Diese drei Dinge werden zu Ergebnissen führen.

28. Januar

Der berühmte Olympia-Champion Jesse Owens hat gesagt, vier Begriffe hätten ihn geformt: *Willen, Hingabe, Disziplin, Einstellung.*

29. Januar

Gebete sollten nicht ausschließlich als Bittgebete an Gott gerichtet werden. Das Dankgebet ist viel stärker.

Wir sollten all das Schöne, das wir besitzen, all das Wunderbare, das wir erleben, nennen und Gott dafür danken. Das sollte man zu seinem Gebet machen.

30. Januar

Der beherrschte Mensch ist ein starker Mensch. Wer stets die Fassung bewahrt, wird immer vorwärtskommen. Edwin Markham* hat gesagt: «Im Herzen des Wirbelsturms, der den Himmel zerreißt, befindet sich ein Ort zentraler Ruhe.» Der Wirbelsturm gewinnt seine Kraft aus einem ruhigen Zentrum. Das gilt auch für den Menschen.

31. Januar

Theodore Roosevelt, ein starker entschlossener Mensch, hat gesagt: «Ich habe oft Angst gehabt. Aber ich habe jeweils nicht klein beigegeben. Ich tat einfach so, als hätte ich keine Angst, und bald einmal verschwand die Angst.» Angst weicht zurück, wenn man ihr die Stirn bietet.

* *Edwin Markham,* 1852–1940; amerikanischer Dichter. Anm. d. Übers.

FEBRUAR

1. Februar

Es ist jetzt Winter, und normalerweise liegt Schnee. Es tut gut, sich an einem Winterabend an einem prasselnden Feuer zu wärmen. Als ein Freund von mir mich beredete, mit Langlauf zu beginnen, sagte er : «Ruhig auf dem Schnee in ein Gehölz zu gleiten, wo große alte Bäume ihre nackten Arme zum wolkenlos blauen Himmel emporstrecken, und auf die spürbare Stille zu hören heißt das Leben in seinem Innersten erleben.» Als Antwort zitierte ich ihm Thomas Carlyles* sinnreiche Zeile: «Stille ist das Element, in dem sich Großes formt.»

2. Februar

Ich habe einmal einen außergewöhnlich erfolgreichen Verkäufer gekannt, der mir erzählte, daß er jeden Morgen dreimal laut sage: «Ich glaube, ich glaube, ich glaube.» «Sie glauben an was?» wollte ich wissen. «An Gott, an Jesus und an das Leben, das Gott mir gegeben hat», erklärte er.

3. Februar

Bei einem Nachtessen mit ein paar befreundeten Chinesen kam das Gespräch auf Streß und Anspan-

* *Thomas Carlyle*, 1795–1881; schottischer Historiker, Philosoph und Essayist. Anm. d. Übers.

nung, die heute eine so vorherrschende Stellung einnehmen. «Schlechte Art zu leben», meinte ein betagter Mann in der Runde. «Anspannung ist unsinnig. Man sollte Unerwartetem immer mit Ruhe begegnen.» «Wer hat das gesagt?» fragte ich. «Ich», erwiderte er lächelnd. «Und wenn Sie es zitieren, sagen Sie einfach, ein alter chinesischer Philosoph habe es gesagt.» Es ist in der Tat eine gesunde Philosophie. «Man sollte Unerwartetem immer mit Ruhe begegnen.»

4. Februar

Es gelingt einem eher, jeden Tag zu einem guten Tag zu machen, wenn man ein zäher, hartnäckiger Optimist ist. Zäh heißt nicht großtuerisch, höhnisch, hartgesotten. Die Definition aus dem Wörterbuch ist ein Meisterstück: «Zäh – dehnbar und dabei so stark, daß es nicht leicht zerreißt.» Und Optimismus definiert Duden als «Lebensauffassung, die alles von der besten Seite betrachtet; heitere, zuversichtliche, lebensbejahende Grundhaltung.»

5. Februar

Wir – das heißt meine Frau Ruth und ich – haben im Süden der Vereinigten Staaten eine Bekannte, eine charmante Dame mit strahlendem Gesicht und dem typischen Akzent der Südstaaten. Sie hat die Gewohnheit, jeden Morgen – ob es regnet oder die Sonne scheint – die Haustür aufzureißen und laut zu sagen: «Hallo, dort draußen – guten Morgen!» Dazu meint sie: Oh, ich liebe den Morgen. Er bringt mir die herrlichsten Überraschungen und Geschenke und Chancen.» Selbstverständlich hat sie jeden Tag einen guten Tag.

6. Februar

Henry Ford wurde einst gefragt, woher er seine Ideen nehme. Auf seinem Schreibtisch stand eine Untertasse. Er kehrte sie mit einer schnellen Bewegung in der Luft um, klopfte leicht auf die Unterseite und sagte: «Man weiß, daß der Luftdruck mit rund einem Kilo pro Quadratzentimeter auf diesen Gegenstand trifft. Man kann es weder sehen noch fühlen, aber man weiß, daß es so ist. Und genau so ist es mit Ideen. Die Luft ist voll davon. Sie trommeln einem nur so auf den Kopf. Man braucht nur zu wissen, was man will, dann kann man es vergessen und sich um seine Angelegenheiten kümmern. Und plötzlich bricht die Idee durch. Sie ist schon die ganze Zeit dagewesen.»

7. Februar

Ein heiteres Gemüt bewahren – komme, was mag – heißt sich jeden Tag einen guten Tag sicherstellen. Der weise Shakespeare sagt uns: «... denn leichtes Herz lebt lang.» Ein heiteres Gemüt scheint ein Stärkungsmittel für langes Leben zu sein. Der römische Philosoph Seneca, ein weiser Denker auch er, tat die kluge Äußerung: «Es ist in der Tat töricht, jetzt unglücklich zu sein, weil man irgendwann in der Zukunft unglücklich sein könnte.»

8. Februar

Irgend jemand hat die Geschichte von dem Mann erzählt, der im amerikanischen Staate North Carolina einen vom Wetter gegerbten Bergler nach seinem Befinden fragte. «Es ist so», meinte nach einer Weile der Mann aus den Hügeln mit dem typisch singenden Akzent der Südstaaten. «Ich trabe noch immer, aber ich wirble keinen Staub mehr auf.» Wenn man es sich genau überlegt, so besteht doch, wenn wir nur immer weitertraben, noch immer Hoffnung.

9. Februar

Wie viele unglückliche Menschen werden doch in ihrem Geiste gelähmt durch Angst, Zweifel an sich selbst, Minderwertigkeits- und Unzulänglichkeitsgefühle! Düstere Gedanken machen sie blind für die möglichen Resultate, die hervorzubringen der Geist wohl imstande ist. Optimismus aber erfüllt den Geist mit Zuversicht und baut in einem Glauben an sich selbst auf. Die Folge davon ist, daß der neubelebte, mit neuer Energie gefüllte Geist sich mit Problemen auseinandersetzt. Man muß die Lähmung durch ungesunde Gedanken von diesem unvergleichlichen Werkzeug, dem Geiste, fernhalten.

10. Februar

Optimismus ist eine Lebensauffassung, die auf dem Glauben gründet, daß das Leben grundsätzlich gut sei und daß auf lange Sicht das Gute im Leben das Schlechte überwiege. Dazu gehört auch die Überzeugung, daß jeder Schwierigkeit, jedem Schmerz etwas Gutes innewohne. Und der Optimist ist entschlossen, das Gute zu finden. Es hat nie jemand ein wahrhaft positives Leben gelebt, ohne daß sein Geist von Optimismus geprägt gewesen wäre.

11. Februar

In Tokio bin ich einmal einem vorbildlichen Menschen, einem Amerikaner aus dem Staate Pennsylvania, begegnet. Obwohl er durch eine Lähmung behindert war, befand er sich auf einer Weltreise im Rollstuhl und freute sich unbändig über alles, was er erlebte. Ich machte die Bemerkung, daß er sich offensichtlich durch nichts unterkriegen lasse. Seine Antwort war exemplarisch: «Nur meine Beine sind gelähmt. Die Lähmung hat nie meinen Geist befallen.»

12. Februar

Üben Sie sich darin, die Menschen zu lieben. Das braucht zwar Überwindung und unablässiges Bemühen, denn einige sind nicht sehr liebenswert, oder zumindest scheint es so – mit Betonung auf «scheint». Jeder Mensch hat aber liebenswerte Eigenschaften, wenn man ihn wirklich kennenlernt.

13. Februar

Zu einem guten Tag verhilft einem mit Sicherheit Enthusiasmus. Im Enthusiasmus steckt eine gewaltige Kraft, Lebensenergie und -freude hervorzubringen. Enthusiasmus ist als positiv motivierende Kraft so stark, daß er Widrigkeiten und Schwierigkeiten überwindet und darüber hinaus, wenn er gepflegt wird, sich nicht erschöpft. Er läßt einen immerzu mutig vorwärts gehen, auch wenn das Gehen Mühe bereitet. Er kann selbst den Alterungsprozeß hinauszögern, denn, wie Henry Thoreau* gesagt hat: «Keiner ist so alt wie derjenige, der den Enthusiasmus überlebt hat.»

14. Februar

Am Valentinstag möchte ich auf das Gesetz der Anziehungskraft aufmerksam machen: Gleiches zieht Glei-

* *Henry David Thoreau*, 1817–1862; amerikanischer Naturalist, Philosoph und Schriftsteller. Anm. d. Übers.

ches an. Wenn man andauernd negative Gedanken aussendet, so zieht man damit negative Folgen an. Das hat genauso Gültigkeit wie das Gesetz von den Gezeiten. Ein Mensch aber, der positive Gedanken aussendet, aktiviert seine Umwelt in positiver Weise und zieht positive Folgen an.

15. Februar

Ein Lebensalter auf dieser wunderbaren Erde dauert nicht sehr lange. Es ist heute da und morgen weg. Darum muß man jeden Tag Gott dafür danken. Das Leben ist schön, wenn man es richtig behandelt. Liebt man das Leben, so wird es einen seinerseits lieben.

16. Februar

Das Leben ist nicht immer angenehm – bei weitem nicht. Von Zeit zu Zeit hält es für uns Enttäuschung, Kummer, Verlust oder schreckliche Schwierigkeiten bereit – oft, wenn wir am wenigsten darauf gefaßt sind. Wir dürfen jedoch niemals vergessen, daß wir das Schlimmste, was es uns bringt, überwinden, daß wir weitermachen und uns wieder hochkämpfen können. Wir werden feststellen, daß wir dank dieser harten Prüfungen gestärkt und möglicherweise sogar in einer bessern Lage sind.

17. Februar

Wir sind uns so gewöhnt zu leben, daß wir es als selbstverständlich annehmen. Wie wunderbar und erregend das Leben doch ist, wird uns nicht oft bewußt. Stehen Sie je am Morgen auf und schauen zum Fenster hinaus oder stellen sich unter die offene Tür und atmen die frische Luft ein, um dann wieder hineinzugehen und zu Ihrem Ehepartner zu sagen: «Ist es nicht schön zu leben?»? Das Leben ist so etwas Großes, so etwas Wunderbares, daß es Anlaß zu immerwährender Dankbarkeit sein sollte.

18. Februar

Mein alter Freund und Partner, der Psychiater Dr. Smiley Blanton, pflegte zu sagen: «Was immer ein Mensch alles durchmachen mußte – er hat in seinem Innern immer noch unversehrte Kräfte. Die Natur versucht stets zu heilen, und so darf man sich niemals entmutigen lassen, wenn man vom Schicksal getroffen wird.»

19. Februar

Meine Mutter sagte jeweils zu mir: «Im Verlaufe deines Lebens werden dir oft Türen zugeschlagen werden. Aber laß dich dadurch nicht entmutigen. Im Gegenteil –

sei dankbar dafür, denn auf diese Weise wirst du auf die offene Tür hingewiesen, den richtigen Durchgang für dich.»

20. Februar

Das folgende ist eine gute geistige Diät:

1. *Denken Sie nie Böses über jemanden.*
2. *Legen Sie jedermanns Handlungen im bestmöglichen Sinne aus.*
3. *Senden Sie jedem Menschen, der Ihnen feindlich gesinnt sein mag, einen freundlichen Gedanken.*
4. *Denken Sie zu allen Zeiten zuversichtlich.*
5. *Sehen und erhoffen Sie in allem, was geschieht, nur das Beste.*

21. Februar

Wenn einem das Leben eine Limone beschert, so mache man Limonade. Denken Sie daran, daß keine Situation so völlig hoffnungslos ist, als daß man daraus nicht etwas Konstruktives machen könnte. Wenn Sie einem Minus gegenüberstehen, fragen Sie sich, was Sie tun können, um es in ein Plus zu verwandeln. Ein Mensch, der sich in dieser Einstellung übt, wird ungeahnte Ergebnisse aus den aussichtslosesten Situationen herausholen. Seien Sie sich bewußt, daß es keine hoffnungslosen Situationen gibt; es gibt nur Menschen, die hoffnungslose Haltungen einnehmen.

22. Februar

Ich entsinne mich, einmal in einem Büro an der Wand ein Schild gesehen zu haben, auf dem stand: «Wer zweimal über denselben Stein stolpert, verdient es, das Genick zu brechen.» Das mag hart formuliert sein, doch es unterstreicht die Tatsache, daß ein weiser Mensch nicht in einer Fehlerpsychologie steckenbleibt oder zuläßt, daß Fehler sich in seinem Geiste akkumulieren. Wenn Sie einen Fehler machen, korrigieren Sie ihn und lernen Sie daraus. Einmal genügt.

23. Februar

Ich kannte einen Mann, der immerzu sagte: «Ich habe halb im Sinne, dies oder das zu tun.» Ich sagte zu ihm: «Charley, du bist ein Halb-im-Sinn-Mensch. Alles, was du zu tun gedenkst, hast du immer nur halb im Sinne zu tun. Niemand hat es je mit nur halbem Sinne zu etwas gebracht.» Erfolg fordert den ganzen Menschen, den ganzen Sinn. Charley wurde zum «Hundertprozenter» und erzielte hundertprozentigen Erfolg.

24. Februar

Erfolg in jeder Sparte und überhaupt in jedem Vorhaben wird von fünf einfachen Worten bestimmt: *Ein Bedürfnis finden und befriedigen.* Tatsächlich lassen sich diese fünf Worte mit praktisch jedem erfolgreichen Unternehmen oder jeder erfolgreichen Laufbahn gleichsetzen.

25. Februar

Champions werden dadurch zu dem, was sie sind, daß sie heute ihr bestes Spiel spielen, dann morgen und dann übermorgen. So muß auch das Leben einen Tag um den andern gut gelebt werden. Und sowohl im Sport als auch im Leben ist Erfolg das Ergebnis einer Folge von mehr guten als schlechten Tagen.

26. Februar

Man sollte für ein glückliches Alter sorgen, solange man noch jung ist – denn mit Siebzig ist man so wie mit Dreißig, nur ausgeprägter. Wenn man mit Dreißig knauserig ist, ist man mit Siebzig ein Geizhals. Wenn man mit Dreißig viel redet, ist man mit Siebzig ein Schwätzer. Wenn man mit Dreißig freundlich und zuvorkommend ist, ist man mit Siebzig liebenswert.

27. Februar

Ein leichtgewichtiger Football*-Spieler machte sich ein physikalisches Gesetz zunutze, um seine geringe

* *American Football:* In den USA gespielte Variante des Rugby. Anm. d. Übers.

Körpergröße gegen die Hünen durchzusetzen. Im Wissen, daß Kraft das Produkt aus Masse und Beschleunigung ist, gewöhnte er sich an, sich mit hoher Geschwindigkeit Gegnern entgegenzuwerfen. Wie ein Geschoß schleuderte er sich gegen größere Männer. Er überrannte sie wie Kegel auf der Kegelbahn. Das ist eine treffliche Strategie bei großen Problemen.

28. Februar

Wenn Sie sich Kummer machen, sind Sie ein Kümmerer, weil Ihr Geist von Kummergedanken durchdrungen ist. Um diesen entgegenzuwirken, bezeichnen Sie sich jede Stelle in der Bibel, in der von Glaube, Hoffnung und Mut die Rede ist. Prägen Sie sich jede davon ein, bis diese gläubigen Gedanken Ihren Geist erfüllen.

29. Februar

Dies ist der zusätzliche Tag, den wir alle vier Jahre haben. Man stelle sich vor: Wenn man achtzig Jahre alt wird, erhält man zwanzig unschätzbare zusätzliche Tage. An diesem bestimmten Tag im Schaltjahr gibt uns Gott eine besondere Chance, aus dem Leben etwas zu machen. Vielleicht sollten wir damit auch etwas Besonderes anfangen, zum Beispiel jemandes Leben ein wenig glücklicher machen, einen Zwist beilegen oder für Menschen beten, die schwere Zeiten durchmachen.

MÄRZ

1. März

Jeder Monat ist ein neuer Anfang. Und jeder neue Tag ist das auch. Vielleicht läßt Gott darum den nächtlichen Vorhang herunter – um den vergangenen Tag zu löschen. All unser Gestern endete gestern abend. Es spielt keine Rolle, wie lange wir gelebt haben – sie sind alle zu Ende. Dieser Tag ist völlig neu. Wir haben ihn nie zuvor gelebt. Was für eine Chance!

2. März

Harry Truman hat einmal gesagt: «Wenn man Angst hat, sich zu verbrennen, soll man der Küche fernbleiben.» Wenn man für Prinzipien und Überzeugungen kämpfen will, kann man kaum vermeiden, daß es ab und zu Schwierigkeiten zu überwinden gibt. Man darf aber niemals schwach werden oder zurückweichen – wie wir alle es zuweilen möchten. Geben wir dieser Versuchung nach, mag das Leben zwar leichter, doch es wird ganz gewiß auch weniger interessant sein.

3. März

Ein Mann erklärte, er sei jahrelang hypernervös gewesen, habe sich aber endlich aus diesem Zustand hinaus«geübt». Das Wort «geübt» ist zutreffend, denn ohne Übung läßt sich zweifellos nichts erreichen.

4. März

Lernen Sie soviel wie möglich aus den Niederlagen, die Sie einstecken müssen. Dann gehen Sie zuversichtlich weiter zur nächsten Chance. Akzeptieren Sie die Niederlage untätig, sind Sie erledigt. Treten Sie ihr jedoch mit allem, was Sie haben, entgegen, sind Sie letztlich der Gewinner. Sie werden gewinnen mit der Sich-niemals-unterkriegen-lassen-Einstellung.

5. März

Es gibt eine Möglichkeit, Kritik zu vermeiden: Niemals etwas tun, sich niemals exponieren. Niemals den Kopf über die Menge hinausstrecken, damit einen die Neider nicht bemerken und angreifen. Kritik ist ein Zeichen dafür, daß die eigene Persönlichkeit Gewicht hat.

6. März

Es kann äußerst anregend sein, zur Kirche zu gehen. Ein Mann aus dem Westen der Vereinigten Staaten sagte einmal nach einem Sonntagsgottesdienst zu mir: «Ich bin so beglückt aus der Kirche gekommen, daß ich das Gefühl hatte, ein Lasso um den Mond werfen zu können.»

7. März

Gott der Allmächtige verschenkt die guten Gaben in dieser Welt großzügig im Verhältnis zu eines Menschen geistiger Bereitschaft anzunehmen. Ein Mensch, der mit einem Teelöffel zur göttlichen Schatzkammer kommt und sich dabei Mangel vorstellt, wird auch nur einen Teelöffel voll bekommen. Ein positiver eingestellter und gläubigerer Mensch, der zuversichtlich mit einem Fünfliterbehälter vortritt, wird auch fünf Liter Gottesgaben erhalten. Wir können nur bekommen, was wir entsprechend unserm Glauben erwarten. Erwarten Sie also viel.

8. März

Unsere größte Fähigkeit ist die Fähigkeit zu wählen. Mit der Macht der Wahl können wir unser Leben kreativ gestalten oder es zerstören. Tagtäglich treffen wir mehrmals eine Wahl. Manchmal ist es eine scheinbar kleine Wahl, doch keine ist gänzlich unbedeutend, denn von der scheinbar unbedeutendsten Wahl kann letztlich abhängen, wie unser Leben herauskommen wird. Die Geschichte, heißt es, wird oft von kleinen Dingen bestimmt. Das trifft auch auf das Menschenleben zu.

9. März

Das Gefühl von Gottes Nähe verleiht uns Sicherheit, versieht uns mit einem Anker im Sturm und verhilft uns zu einer Reserve an persönlicher Kraft. Wenn wir mit Gott als Freund leben, wird Er zu unserm festen Begleiter bei Tag und bei Nacht werden. Dann kann, selbst wenn das Leben nicht einfach ist, unser Herz in seinem Innersten glücklich sein, denn wir haben Ihn bei uns.

10. März

«Warum können wir keine friedliche, ruhige Welt haben?» fragte ein Mann. Ich antwortete ihm, ein alter irischer Freund von mir habe mir erzählt, nach einer nordirischen Überlieferung bedeute Unruhe auf Erden Bewegung im Himmel. «Ich freue mich immer», hatte mir dieser weise Freund gesagt, «wenn es auf der Erde viel Streit und Unordnung gibt, weil ich weiß, daß aus diesem Aufruhr eine Bewegung im Himmel etwas Gutes bringen wird.»

11. März

Reden Sie nicht von Schwierigkeiten. Das beschwört nur noch mehr Schwierigkeiten herauf. Man sollte vom Leben gut reden, statt es schlechtzumachen. Reden vermag zu schaffen oder zu zerstören, denn es setzt die ungeheure Macht der Gedanken in die Tat um, und zwar nach den durch das Reden vorgegebenen Richtlinien.

Denken Sie an Ralph Waldo Emersons* Ermahnung, daß ein Wort lebe. Durch wiederholten Gebrauch vermag es entweder aufzubauen oder niederzureißen.

12. März

Ein Manager hatte auf seinem Schreibtisch drei Kästchen, die mit EINGEHEND, AUSGEHEND und UNENTSCHIEDEN beschriftet waren. Letzteres enthielt gewöhnlich am meisten Papier. Dann fügte er ein viertes Kästchen hinzu, das er mit den Worten MIT GOTT IST ALLES MÖGLICH beschriftete. Sah er sich einem besonders schwierigen Problem gegenüber, machte er sich eine Notiz und legte sie in dieses Kästchen. Dann widmete er sich anderen Dingen und verließ sich darauf, daß ihm zur richtigen Zeit Gottes Führung zuteil werden würde. Die bejahende Aussage an dem Kästchen verlieh dem Manne eine positive Einstellung und erinnerte ihn immer wieder aufs neue daran, daß es tatsächlich Möglichkeiten gab. Auch wenn eine Entscheidung nicht einfach war, wurde er auf diese Weise herausgefordert, diese Möglichkeiten herauszufinden und schließlich zu verwirklichen.

13. März

Ein Rezept zur eigenen Vervollkommnung besteht darin, zuerst genau zu bestimmen, welche besondere

* *Ralph Waldo Emerson,* 1803–1882; amerikanischer Essayist, Philosoph und Dichter. Anm. d. Übers.

Eigenschaft man gern besäße, und dieses Bild sodann im Bewußtsein festzuhalten. Als zweites baut man dieses Bild aus, indem man handelt, als besäße man tatsächlich die gewünschte Eigenschaft. Als drittes muß man daran glauben und immer wieder bekräftigen, daß man im Begriffe ist, sich die Eigenschaft, die man zu entwickeln wünscht, selbst zu schaffen.

14. März

Oftmals bringen die Menschen ihr Glück und ihren Erfolg im Leben mit ihren eigenen Zungen um. Sie explodieren, sagen ein unbedachtes Wort, schreiben einen geharnischten Brief, und das Unglück ist geschehen. Und das Traurige daran ist, daß das wahre Opfer nicht der andere, sondern daß man es selbst ist.

15. März

Der Schriftsteller William A. Ward hat einen Vier-Punkte-Plan zur erfolgreichen Vollendung einer Tat formuliert. Er lautet: Plane zielbewußt, bereite glaubend vor, schreite zuversichtlich voran, verfolge beharrlich dein Ziel.

16. März

Der biblische Rat «Die Sonne soll nicht untergehen über eurem Zorn» ist psychologisch richtig. Zorn kann sich bis zum Explodieren aufstauen und muß jeden Abend abgelassen werden. Lassen Sie allen Zorn ab, der in Ihnen kochen mag, indem Sie allen vergeben. Und üben Sie sich in der Kunst des Vergessens.

17. März

Wir lieben diejenigen, die unsern Glauben an uns selbst stärken. «Dies über alles», hat Shakespeare geschrieben, «sei dir selber treu; und daraus folgt, so wie die Nacht dem Tage, du kannst nicht falsch sein gegen irgendwen.»

18. März

Es gibt nur einen Menschen, mit dem Sie sich messen müssen: Sie selbst. Trachten Sie stets danach, Ihre eigene beste Leistung zu überbieten, und bemühen Sie sich immerzu, höhere Stufen zu erreichen. Wenn Sie sich immer an einem andern Menschen messen, werden sich unweigerlich Ressentiment und Antipathie in Ihnen entwickeln. Damit steigt die Anspannung, Sie werden aus dem Konzept gebracht, und daraus ergibt sich schlechtere Leistung. Halten Sie sich Thomas Edisons Herausforderung vor Augen: «Es gibt einen besseren Weg. Finde ihn.»

19. März

Der Durchschnittsmensch macht nur von einem kleinen Bruchteil seiner Fähigkeiten Gebrauch. Es wird geschätzt, daß es sich dabei um etwa zehn Prozent der Leistungsfähigkeit handelt. Ein Grund hierfür liegt darin, daß wir der willentlichen, systematischen Entfaltung unserer Persönlichkeit zu wenig Aufmerksamkeit und Zeit widmen. Ein weiterer liegt darin, daß wir uns mit selbstauferlegten Grenzen frustrieren. Versuchen Sie, Ihr volles Potential zu erreichen.

20. März

Nach einem harten Kampf im amerikanischen Repräsentantenhaus um eine wichtige Gesetzesvorlage wandte sich ein älteres Kongreßmitglied an einen jüngeren Abgeordneten, dessen Unterstützung der Gesetzesvorlage offensichtlich mit fragwürdigen Mitteln gewonnen worden war. «Junger Mann», fragte er ihn, «warum haben Sie so gestimmt?» «Ich mußte», erwiderte dieser. «Ich stand unter sehr großem Druck.» Der Ältere legte seinem jüngern Kollegen die Hand auf die Schulter und ermahnte ihn: «Aber mein lieber Freund, wo sind denn Ihre inneren Stützen?» Glaube kann uns eine Stütze gegen Druck sein.

FRÜHLING

Im späten März sollte der Frühling ins Land ziehen – zumindest versuchsweise. Offiziell ist der 21. März der erste Frühlingstag, doch es könnte ja sein, daß genau an diesem Tage der Märzwind um das Haus pfeift und Schnee in der Luft liegt. Tatsächlich zeigt die Erfahrung, daß der Frühling kommt, wenn er kommt, und keinen Tag früher.

Krokusse stehen im März gewöhnlich in Blüte. Wir haben sie bei uns am Fuße unserer riesigen alten Ahornbäume und den Fahrwegen entlang gepflanzt. Sie sind optimistisch, strecken sie doch den Kopf in einem, wie es den Anschein macht, höchst ungünstigen Klima aus dem Boden, und ist die Kälte dann, wie es manchmal geschieht, wie im Januar, lassen sie ihn auch traurig hängen. Doch bei der ersten Gelegenheit sind sie wieder munter und verleihen dem Frühling während der Wochen ihrer Blüte viel Reiz.

Dann folgen Hyazinthen, Narzissen und Osterglokken. Ich liebe sie, weil sie nicht nur zuversichtlich sind, daß der Frühling wirklich gekommen sei, sondern weil sie eine Unentwegtheit an den Tag legen, der die Menschen sehr wohl nacheifern dürften.

In einem Frühling war alles bunt und schön. Die milde Luft, wie sie so ganz untrennbar zu Frühlingstagen gehört, zog einen sanft in ihren Bann. Die Blumen strömten Zuversicht aus, daß sie es schließlich geschafft hatten. Der Frühling war endlich da. Doch dann, in einer Aprilnacht, mußte jemand den Kalender durcheinandergebracht haben. Es gab einen Rückfall in die ungestümen, stürmischen Märzwinde. Und alsbald begann es dicht zu schneien. Dicke Winterflocken fielen vom Himmel, und als der kalte Morgen nahte, lag eine winterliche, fünfzehn Zentimeter dicke Schneedecke auf der Erde, einschließlich der Blumenbeete. Die Hyazinthen standen in Anbetracht des Gewichtes des Schnees noch recht gerade, doch die Narzissen und Osterglokken waren vornübergebeugt, als sei es gar zuviel für sie.

Wir machten uns nicht allzu große Sorgen, hatten wir doch schon so manchen Frühling in dieser Gegend erlebt. Und tatsächlich wehte tags darauf ein warmer Wind, der Schnee schmolz, und, sieh da, die Blumen reckten sich empor, sahen sich verwundert um, standen dann geradeauf und erfüllten ihre Pflicht, zu blühen und schön zu sein. Was uns einmal mehr die Fähigkeit der Natur, sich zu erholen, vor Augen führte. Ich frage mich, ob diese Fähigkeit nicht auch dem Menschen innewohnt. Vielleicht sind Blumen und Bäume unter anderem dazu da, uns daran zu erinnern, daß auch wir eine Stehauffähigkeit haben.

Ich habe Bäume gesehen, die von Winterstürmen verwüstet worden waren – mit abgebrochenen, zu Boden geschleuderten Ästen, mit scheinbar zerstörten Kronen. Dann kommt der Frühling mit Gottes heilender Hand; eine Menge Blätter verhüllt die Verletzung, und nach ein paar Frühlingen kann man den Schaden kaum noch erkennen – so groß ist die Regenerationsfähigkeit eines Baumes. Ähnlich werden auch Menschen verletzt. Einige erholen sich dann nie mehr, die meisten aber vielleicht doch, weil sie, wie die Bäume, eine erstaunliche Fähigkeit besitzen, ihre Verletzungen zu heilen. Schließlich haben sie denselben Heiler.

21. März

Letztlich zieht jeder von uns genau das an, was er ist. Wenn man wissen will, was einem das Leben bringen wird, braucht man sich bloß selbst zu analysieren.

22. März

Eine unglaubliche Güte wirkt zu Ihren Gunsten. Nehmen Sie vertrauensvoll Gottes reichliche Gaben an. Stellen Sie sich Fülle, Gedeihen und von allem das Beste vor. Erwarten Sie, daß sich Großes ereignet. Gott will Ihnen alles Gute geben. Hemmen Sie Seine Großzügigkeit nicht durch Ihren Unglauben.

23. März

Als ich am Grabe meiner Mutter stand, sah ich es als das, was es war: einen Ort, wo nur sterbliche Überreste ruhen. Ihr sterblicher Körper war nur eine Hülle, die abgelegt worden war, weil ihr Träger sie nicht mehr brauchte. Doch sie, diese wunderbare Seele, war nicht dort. Ich verließ den Friedhof und kehre selten zurück – denn sie ist nicht dort. Sie ist für immer bei ihren Lieben. «Was sucht ihr den Lebendigen bei den Toten?» (Lukas 24,5). Wir können uns auf Christi Zuverlässigkeit verlassen. Er ließe uns nicht so tiefe Überzeugungen haben, wenn sie nicht der Wahrheit entsprächen.

24. März

Wenn Sie im Leben eine bestimmte Eigenschaft anstreben, möchte ich Sie an den «Als-ob»-Grundsatz erinnern: Handeln Sie, *als ob* Sie sie schon besäßen. Wie Sie handeln und beharrlich fortfahren zu handeln, so werden Sie mit der Zeit sein. Versuchen Sie's – es funktioniert und ist wirkungsvoll. Wenn man handelt, als ob Gott bei einem sei, wenn man zu Gott spricht, als ob Gott einem zuhörte, so wird man sich nach einer bestimmten Zeit Gottes sehr sicher sein. Dann weiß man, daß Gott immer bei einem ist, wie Er es gesagt hat. Und man weiß, daß Er auf unsere Gebete hört.

25. März

Jeder Mensch muß in seinem Geiste ein ruhiges Zentrum haben. Man braucht keine Angst vor Verwirrung zu haben, wenn man innere Ruhe besitzt, aus der heraus man damit fertig wird. Und das kann man erreichen. Man kann lernen, ein bißchen von Gottes großer Stille im Geiste und im Herzen zu haben.

26. März

Wir Menschen beschäftigen uns oft in tragischer Weise damit, Schwierigkeiten in unserm Geiste zu erdrückender Größe aufzubauschen und so davor Angst zu bekommen. Wir überzeugen uns selbst, daß wir geschlagen sind, ehe wir überhaupt beginnen, und schaffen uns eine Begründung, es gar nicht erst zu versuchen. Dies ist der Zeitpunkt, den schlafenden Riesen in einem freizusetzen. Dann wird man zu dem großen Menschen, den zu sein man die Fähigkeit in sich trägt. Und man erringt Siege, statt Niederlagen zu erleiden.

27. März

Die meisten von uns haben keine ausreichende Vorstellung von den uns innewohnenden Kräften und Fähigkeiten. Im Innern unterschätzen wir uns. Wir glauben nicht wirklich an uns selbst, und aus diesem Grunde bleiben wir schwach, erfolglos, ja unfähig, wo wir doch stark, fähig und erfolgreich sein könnten. Ein alter Schuhmacher in Edinburgh hatte die Gewohnheit, jeden Tag mit dem Gebet «O Herr, gib mir eine hohe Meinung von mir selbst!» zu beginnen. Keine schlechte Idee!

28. März

Seien Sie sich selbst! Ein Sklave der Konformität zu sein ist eine der grundlegenden Unehrlichkeiten. Wenn wir unser Besonders-Sein ablehnen, unsere gottgegebene Individualität und Einzigartigkeit verwässern, beginnen wir unsere Freiheit zu verlieren. Der Konformist

ist in keiner Art und Weise ein freier Mensch. Er muß der Herde folgen. Wir brauchen unter uns mehr charakterfeste Menschen, die sich nicht einfach in Schwäche nach standardisierten Verhaltensweisen richten, Leute, die nicht davor zurückschrecken, «anders» zu sein. Männer und Frauen, die auf dieser Welt am meisten leisten, sind fast immer charakterfeste Menschen in dem Sinne, daß sie sich nicht fürchten, sich selbst zu sein – ungeachtet dessen, was die Mode oder die «In»-Haltung diktiert.

29. März

Sprechen Sie zu den gesundheitsfördernden Kräften in Ihrem Innern, ja reden Sie ihnen zu. Bieten Sie sie zu Ihrem Wohle auf. Ermutigen Sie jeden Tag eindringlich Gottes gesundheitsfördernde Kräfte; regen Sie sie zu schöpferischer Tätigkeit in Ihrem ganzen Wesen an. Stehen Sie aufrecht da, und sagen Sie: «Ich bejahe die Gegenwart von Gottes neuschaffenden Kräften in mir. Ich überlasse mich hiermit vertrauensvoll ihren gesundheitsfördernden Wirkungen. Ich bekräftige, daß die Lebenskraft mich jetzt wiederherstellt. Ich danke Gott, dem Schöpfer, aber auch dem Neu-Schöpfer, daß Er mich jetzt neu macht.»

30. März

Darüber müssen wir uns im klaren sein: Jegliche Art von Unehrlichkeit lähmt, und als erstes verliert man dabei die Freiheit. Man muß lügen, um zu verdecken, und bald einmal verstrickt man sich in Lügen. Ein in etwas verstrickter Mensch kann nicht frei sein. Der ehrliche Mensch ist der freie Mensch.

31. März

Irgendwann an jedem Tage sollte man eine Zeit absoluter Stille einhalten, denn in der Stille liegt Heilkraft. Um diese Kraft zu finden, darf man nicht sprechen, darf man nichts tun. Man muß den Geist abschalten, den Körper stillhalten und völliges Stillschweigen wahren. So übt man sich in schöpferischer Stille.

APRIL

1. April

«Ob man *glaubt,* man könne, oder *glaubt,* man könne nicht – man hat recht», hat Henry Ford gesagt.

2. April

Was wir fortwährend bekräftigen, wird in unseren Gedanken mit der Zeit bestimmend und bewirkt veränderte Haltungen. Eine einfache bejahende Aussage, die jeden Morgen dreimal wiederholt wird – wie beispielsweise «Ich lebe. Das Leben ist schön. Gott ist bei mir. Ich werde einen herrlichen Tag haben» –, erzielt die Ergebnisse, die man sich vorstellt.

3. April

Die Bibel formuliert es so: «Wie er in seinem Herzen denkt, so ist er» (Sprüche 23,7). Vielleicht könnte man es auch so sagen: Denke richtig, um den Dingen den richtigen Verlauf zu geben.

4. April

Beim Bau des Panamakanals hatten Arbeiter schon über lange Zeit gegraben, um den großen Graben auszuheben. Just als sie dachten, sie hätten es geschafft, gab es einen gewaltigen Erdrutsch, und ein großer Teil des Aushubs fiel in den Graben zurück. Der Verantwortliche stürzte zum Leiter, General Goethals, und rief aus: «Es ist furchtbar! Furchtbar! Der ganze Aushub ist wieder hineingefallen! Was sollen wir bloß tun?» Goethals erwiderte ruhig: «Wieder ausgraben.» Was blieb denn anderes übrig?

5. April

Ein Verleger ließ Louisa May Alcott* wissen, sie werde nie etwas schreiben können, das die Leserschaft anspreche. Ein Musiklehrer sagte zu Enrico Caruso: «Du kannst nicht singen. Du hast überhaupt keine Stimme.» Und ein Lehrer machte einen Jungen namens Thomas Alva Edison darauf aufmerksam, daß er zu dumm sei für eine wissenschaftliche Ausbildung. Man darf sich niemals von der Hauptlinie seiner Aspirationen abbringen lassen.

6. April

Eine angemessene Portion Vorsicht ist vernünftig. Nur ein Narr würde es ohne machen. Doch auf seine Ängste hören, wenn man Orientierung sucht, ist etwas ganz anderes. Man soll etwas zwar vorsichtig abwägen,

* *Louisa May Alcott,* 1832–1888; amerikanische Romanschriftstellerin. Anm. d. Übers.

sich dann aber von seinen positiven Überzeugungen, nicht von seinen Ängsten leiten lassen. Dann wird man im Leben viel besser abschneiden.

7. April

Es ist nicht nötig oder vielleicht nicht einmal gut, sich zu bemühen, von jedermann geliebt zu werden. Dieses Bestreben kann einen zu einem Charakterschwächling übelster Art machen. Man wird zu einem uninteressanten Menschen ohne Rückgrat, ohne Charakter. Wohl das größte Kompliment, das dem amerikanischen Präsidenten Grover Cleveland je gemacht wurde, waren die Worte, mit denen der Redner seinen Namen anläßlich seiner Nominierung am demokratischen Parteikonvent ankündigte: «Wir schätzen ihn wegen der Feinde, die er sich gemacht hat.»

8. April

Eines der Probleme unserer Zeit ist die Frage, wie man den Auswirkungen einer Zivilisation, die sich der Jagd nach Luxus und der Vermeidung von Anstrengung verschrieben hat, auf die Jugend entgegentreten könne. Vor hundert Jahren mußte man Holz hacken, Wasser schleppen, Tiere füttern. Heute nicht mehr. Wir laufen Gefahr, unsere Kinder eines bedeutenden Erbes zu berauben: des Kampfes ums Dasein.

9. April

Man braucht sich nie damit abzufinden, wie man ist. Man kann ein neuer Mensch werden. Ich habe gesehen, wie Menschen sich geändert haben – wie erfolglose Menschen erfolgreich, stumpfe Menschen zu begeisterten wurden. Wir wurden nicht einfach nur erschaffen; wir können neu erschaffen werden.

10. April

Je mehr ich mit Menschen zu tun habe, desto mehr beeindruckt mich ihre verblüffende Fähigkeit, mit schwierigen Situationen fertig zu werden. Und ihre Fähigkeit, sich zu erholen, ist großartig. Jedem Menschen wohnt eine Kraft, sich zu erholen, inne, die nicht unterschätzt werden darf.

11. April

In meiner Jugend hörte ich einen großen Redner sagen: «Wir können an unsern schwächsten Stellen am stärksten werden.» Beim Schweißen wird die Bruchstelle am stärksten, wenn sie erhitzt worden ist. So vermögen auch Denken und Glaubensstärke die Schwachstellen der Persönlichkeit zu großer Stärke zu schweißen. Es ist erstaunlich, was ein Mensch kreativ mit sich selbst zu tun vermag.

12. April

Setzen Sie sich nie herab! Glauben Sie an sich, achten und schätzen Sie sich nicht mit Egoismus, sondern mit bescheidenem, realistischem Selbstvertrauen. Hören Sie auf, über Vergangenem zu brüten. Sorgen Sie sich nicht um das, was nach Ihrem Tode geschieht. Leben Sie mit Begeisterung. Beginnen Sie heute, das Beste aus dem Leben zu machen. Stecken Sie alles, was Sie haben, darein, und Sie werden feststellen, daß es eine Menge ist.

13. April

Wenn Ihnen etwas mißlingt, muß Ihr erster Schritt darin bestehen, es zu vergessen. Der zweite ist, sich nicht damit abzufinden; akzeptieren Sie niemals eine Niederlage. Nehmen Sie es dann sogleich wieder in Angriff. Holen Sie so viel Know-how heraus, wie Sie können. Sagen Sie nie: «Es ist mir mißlungen. Das heißt, daß ich es nicht kann. Also werde ich es nicht mehr versuchen.» Das wird in Ihnen die Mißerfolgspsychologie entstehen lassen, so daß Sie zum Mißerfolgsmenschen werden. Bitten Sie Gott, Sie zu führen, damit Sie es das nächste Mal besser machen, und halten Sie daran fest, bis Sie ein erfolgreicher Mensch werden.

14. April

Viele Menschen, die unter ungelöster Angst leiden, finden Befreiung und Erleichterung, indem sie sich in

Mut und Zuversicht üben. Diese zwei positiven Geisteshaltungen, Mut und Zuversicht, bannen Angst; sie lassen Wundervolles geschehen. Doch alle drei – Zuversicht, Mut, Angst – ergeben sich aus den Gedanken, die wir haben. Das geistige Klima, das sich ein Mensch schafft, bestimmt, ob er Zuversicht haben wird, auch wenn die Lage hoffnungslos scheint, und ob er Mut haben wird, auch wenn beängstigende Faktoren auftreten. Denken Sie mutig, handeln Sie mutig. Stellen Sie sich sich selbst zuversichtlich vor. Handeln Sie mit Zuversicht. Wie Sie denken, handeln und sich etwas vorstellen, so werden Sie.

15. April

Als ich einen Freund bat, mit zu erklären, wie er Kritik gegenüber so gelassen und gleichgültig sein könne, fragte er: «Was geschieht, wenn jemand mit dem Finger auf einen zeigt? Zeige einmal mit dem Finger auf mich!« Verdutzt richtete ich meinen Zeigefinger auf ihn. «Und auf wen zeigen deine drei anderen Finger jetzt?» «Nun, sie zeigen auf mich!» rief ich aus. «Genau!» schloß er triumphierend. «Also gewinne ich gegen einen Kritiker mit drei zu eins!»

16. April

Jeden Morgen mit einer kreativen Einstellung zu erwachen ist eine wichtige Kunst, sich einen guten Tag zu schaffen. Sie kann zu solcher Wirksamkeit gepflegt und entwickelt werden, daß man sich einen guten Tag garantieren kann, den ganzen Tag und jeden Tag. Beim Aufstehen am Morgen soll man sich den guten Tag vorstellen, den man haben möchte, und ihn auch mit Zuversicht erwarten. Man muß ihn sich genau im Geiste ausmalen und den guten Tag, der vor einem liegt, eindringlich bekräftigen. Dann geht man daran, das in die Tat umzusetzen.

17. April

Auf einer Sonnenuhr auf dem Mount-Holyoke-Universitätscampus steht folgende Inschrift: «Von weitem gesehen, ist der Rand des Schattens die Linie des Lichts.» Vielleicht ist der Tod nur ein vorübergehender Rand des Schattens. Und dahinter wartet der Glanz des ewigen Lebens, der schönsten aller Tage.

18. April

Hüten Sie sich vor der Versagerpsychologie! Eine Erfahrung, in der Sie sich nicht sonderlich erfolgreich erwiesen haben, kann Ihr Vertrauen in sich selbst erschüttern; und wenn Sie nicht unverzüglich einen weiteren Versuch machen, kann sich die Versagerpsychologie Ihrer bemächtigen und Sie geistig völlig blockieren. Wenn Ihnen also etwas mißglückt, fangen Sie sich schnell wieder, und gehen Sie sogleich zur nächsten Herausforderung weiter. Lassen Sie dem Mißerfolg keine Zeit, sich in Ihrem Bewußtsein breitzumachen.

19. April

Die vitalsten, kreativsten und positivsten Gedanken sind diejenigen, die in der Bibel dargelegt werden. Ihre Worte sind lebendig und regen wirksame Denkprozesse an. Die Bibel sagt selbst, was ihre von Gott eingegebenen Worte bewirken werden: «Wenn ihr in mir bleibt und meine Worte in euch bleiben, so bittet, um was ihr wollt, und es wird euch zuteil werden» (Johannes 15,7).

20. April

Schwierigkeiten können verkappte Wohltaten sein – und sind es auch oft. Horaz hat gesagt: «Schwierigkeiten bringen Talente ans Licht, die bei günstigeren Bedingungen schlummern würden.» Und Disraeli hat geschrieben: «Schwierigkeiten bilden die beste Erziehung in diesem Leben.»

21. April

Wenn Sie sich großen Schwierigkeiten gegenübersehen, halten Sie klar und beharrlich im Geiste den Gedanken fest, daß Sie mit Gottes Hilfe Ihre Kräfte der Konzentration, Vernunft, Selbstdisziplin und Vorstellung aufbieten können. Und glauben Sie immerfort, daß Sie tatsächlich die Kraft haben, einer Situation Herr zu werden. Wenn Sie dies tun, werden Sie auf jeden Fall den Sieg davontragen.

22. April

Eine erfolgreiche Geschäftsfrau vertraut jeden Tag Gott an. Die Folge dieses Vorgehens ist laut ihrer Aussage, daß nichts eine Enttäuschung sein kann, weil alles, was geschieht, Seinem Plan und Willen entspricht.

23. April

Ich habe viele Spitzensportler beobachtet. Diejenigen, die konsequent gute Leistungen erbrachten, hatten eine Eigenschaft miteinander gemein: *Enthusiasmus.* Diese Einstellung verhalf ihnen zu Höchstleistungen. Sie kann auch Ihnen helfen.

24. April

In meiner Kindheit hing an der Wand eines Klassenzimmers der Schule ein Bild von einem einsamen Strand, auf dem ein Boot bei Ebbe festsaß. Es gibt kaum etwas, das deprimierender aussieht, als ein durch zurückflutendes Wasser gestrandetes Boot. Unter dem Bild stand geschrieben: «Denk dran: Die Flut kommt immer wieder zurück.» Ebbe und Flut gibt es auch in den Wechselfällen des menschlichen Lebens. Wenn sich alles gegen einen wendet und man glaubt, nicht mehr weiterzukönnen, darf man niemals aufgeben. Die Flut wird zurückkommen – oder: Das Glück wird sich wenden.

25. April

In Kioto gibt es einen Tempel, der für seinen Steingarten berühmt ist. Jahrhundertelang haben fünfzehn Steine verschiedener Form und Größe in einem Garten mit sorgfältig gerechtem Sand gelegen. Nach der Überlieferung stellen die Steine die fünfzehn Grundprobleme der Menschheit dar – jeder Mensch nennt seine eigenen. Doch es können nicht alle Steine gleichzeitig gesehen werden. Die Botschaft, die ich von den rätselhaften Steinen in Kioto mit mir nehme, ist die, daß niemand versuchen kann oder sollte, all seine Probleme gleichzeitig zu bedenken, geschweige denn zu lösen. Statt dessen sollten die Menschen die geistige Anstrengung unternehmen, willentlich all ihre Probleme bis auf eines auszuklammern und sich darauf zu konzentrieren, dieses eine zu lösen; auf diese Weise kann für das einzelne Problem mehr geistige Kraft aufgewandt werden.

26. April

Alle Handlungen – gute und schlechte – beginnen irgendwo. Am Anfang lassen sie sich am besten lenken. Bricht man den Gedanken ab, der zu einer unredlichen Handlung führt, so unterbindet man damit die Handlung selbst.

27. April

Das Reich Gottes befindet sich in jedem Menschen. Es ist Gottes Geschenk an die ganze Menschheit – wir brauchen es bloß anzunehmen.

28. April

Zweimal hatte er mit seinem Geschäft Bankrott gemacht – einmal in einer Wirtschaftskrise und einmal, als ihn ein Partner ruinierte. Zweimal fing er wieder von vorn an. Zweimal war er gezwungen, sein Lager auszuverkaufen und sich aus den Schulden herauszuarbeiten. Doch brachte ihn das etwa aus der Fassung? Keineswegs. «Ein Mißerfolg ist bloß die Kehrseite des Erfolgs», meinte er. «Ich habe die Erfahrung gemacht, daß man mit Gottes Hilfe den Dingen immer eine Wendung geben kann. Ich habe Vertrauen in Gott, und ich habe Vertrauen in mich.

29. April

Wenn Sie einen Menschen nicht mögen oder er Sie nicht und Sie etwas für ihn tun, kann das zuweilen seine Abneigung verstärken, weil es ihn Ihnen gegenüber zu Dank verpflichtet. Möglicherweise hält er ihre Tat gar für gönnerhaft. Wenn Sie ihn jedoch ermutigen, etwas für Sie zu tun, wird er sich wider seinen Willen geschmeichelt fühlen, und Sie werden in seiner Meinung steigen, haben Sie doch gezeigt, daß Sie seine Fähigkeit respektieren. Sie haben seinem Ich Achtung erwiesen.

30. April

Ein Freund von mir namens Harry hatte eine Vorliebe für Hunde, ganz besonders für seinen Liebling «Whiskers»*, der überallhin mit ihm ging. Einmal hatte Harry in einer nahegelegenen Stadt geschäftlich zu tun. Er schrieb einem Hotel einen Brief und erkundigte sich darin, ob er seinen Hund mitbringen dürfe. Die Antwort lautete:

Sehr geehrter Herr X,

Bringen Sie Ihren Hund Whiskers unbedingt mit. Hunde werden in diesem Hotel sehr geschätzt. Niemals habe ich einen schwierigen Hund mitten in der Nacht hinauswerfen müssen. Nie-

* *Whiskers* ist das englische Wort für Schnauzhaare. Anm. d. Übers.

mals hat sich ein Hund betrunken und meine Möbel umhergeworfen und beschmutzt. Ich habe niemals einen Hund gehabt, der mit einer brennenden Zigarette einschlief und dabei die Matratze in Brand steckte. Niemals hat ein Hund mit Trinkgläsern Ringe auf meine Kommode gemacht. Ich habe noch nie ein Frottiertuch oder einen Aschenbecher im Koffer eines Hundes gefunden. Also bringen Sie Ihren Hund mit.
P.S. Sie dürfen auch kommen, wenn der Hund sich für Sie verbürgt.

MAI

1. Mai

Ich hatte vor einem zahlreichen, wohlwollenden Publikum eine Rede gehalten. Mein Cousin Philip Henderson hatte auch zugehört. Nachher sagte er zu mir: «Das war nicht dein Bestes. Es war ganz einfach nicht gut genug. Du hast nicht alles gegeben, was du kannst. Du hast dich nicht wirklich angestrengt; du wolltest bloß durchkommen. Du mußt immer nur dein Allerbestes geben, nichts anderes.» Es war ein kluges Urteil aus dem Munde eines Menschen, der mich mit der Art Liebe gern hatte, die kein Blatt vor den Mund nimmt, um den andern zu seinem besten Ich zu machen.

2. Mai

Ein Freund von mir hält sechs kostbare Weisheiten hoch, die er fast täglich wiederholt. Die erste stammt von Cicero: «Um lange zu leben, lebe langsam.» Die zweite geht auf Konfuzius zurück: «Der Weg eines überlegenen Menschen ist ein dreifacher: tugendhaft – daher ist er frei von Besorgnis; weise – daher ist er frei von Verwirrung; mutig – daher ist er frei von Furcht.» Die dritte ist ein Ausspruch Robert Louis Stevensons: «Sitze locker im Sattel des Lebens.» Die vierte sind der Heiligen Theresia berühmte Worte: «Laß dich durch nichts beunruhigen; laß dich durch nichts ängstigen. Alles vergeht außer Gott; Gott allein genügt.» Und aus Jesaja: «... in Stillehalten und Vertrauen besteht eure Stärke»

(Jesaja 30,15). Und schließlich und am wichtigsten die Worte Jesu: «... meinen Frieden gebe ich euch. Nicht wie die Welt gibt, gebe ich euch. Euer Herz lasse sich nicht beunruhigen und verzage nicht!» (Johannes 14,27).

3. Mai

Der Ingenieur Charles F. Kettering hat gesagt: «Ich interessiere mich nicht für die Vergangenheit. Ich interessiere mich einzig und allein für die Zukunft, denn darin werde ich den Rest meines Lebens verbringen.»

4. Mai

Henry Ford wurde einst in einem Restaurant die Frage gestellt: «Wer ist Ihr bester Freund?» Er dachte nach, griff dann zu seiner Feder und schrieb mit großen Buchstaben auf das Tischtuch: «Der ist dein bester Freund, der das Beste, das in dir steckt, aus dir herausholt.»

5. Mai

Ihnen wohnen der Mut und die Stärke inne, den Dingen entgegenzutreten – was immer es sei. Der beste Blitzableiter zu Ihrem eigenen Schutze ist Ihr Rückgrat. Das heißt: Stehen Sie geradeauf, und packen Sie Schwierigkeiten mit Glauben an sich selbst an.

6. Mai

Ich weiß von einer Familie, die jedes Jahr ein «Traurige-Gedanken-Verbrennen» abhält. Jeder läßt Zettel ins Feuer fallen, auf die er Dinge geschrieben hat, die er vergessen will. Dann schauen sie zu, wie ihre traurigen Gedanken vom Feuer verzehrt werden und sich zu Asche kräuseln. Diese Handlung hilft ihnen vergessen.

7. Mai

General Stonewall Jackson* wurde von einem ihm unterstellten furchtsamen General angesprochen, der ernsthafte Zweifel an einem geplanten militärischen Ausfall äußerte. «General Jackson», sagte er, «davor habe ich Angst. Ich fürchte, wir können das nicht erfolgreich durchführen.» Jackson erwiderte: «General, lassen Sie sich niemals von Ihren Ängsten leiten!»

8. Mai

Ein Arzt berichtet von einem Patienten, der an «Grollitis» – einem langgehegten Haß gegen einen andern Menschen – gestorben sei. Es ist der Gesundheit zuträglich, wenn man sich jeglichen Grolls entledigt; er

* *Thomas Jonathan Jackson* (genannt *Stonewall Jackson*), 1824–1863; General der Konföderierten im amerikanischen Sezessionskrieg. Anm. d. Übers.

verletzt selten den andern, doch vermag er denjenigen, der ihn hegt, krank zu machen.

9. Mai

Mein Vater, Charles Clifford Peale, hat oft zu mir gesagt – und es gehörte auch zum Letzten, was er sagte –: «Ich habe immer an dich geglaubt. Du hast mich nie enttäuscht. Denk immer daran: Die Peales geben niemals auf.» Ich habe zwar nicht immer diesem Leitsatz meines Vaters nachgelebt, doch eines ist gewiß: Er hat mir stets geholfen, wenn ich schwach werde.

10. Mai

Nur eine einzige Macht ist stärker als Angst: der Glaube. Wenn sich Angst in Ihre Seele stiehlt, wirken Sie ihr sogleich mit einer Glaubensbekräftigung entgegen. Denken Sie positiv, vergegenwärtigen Sie sich im Geiste die vollbrachte Leistung. Hegen Sie niemals Zweifel! Hegen Sie immer Glauben.

11. Mai

Finden Sie sich nie mit Mißerfolg ab. Das tun bedeutet einen schweren Schlag für das Selbstvertrauen. Wenn einem Akrobaten etwas mißlingt, versucht er es noch einmal, ja er läßt das Publikum wenn nötig minutenlang warten, bis er sein Kunststück erfolgreich ausgeführt hat. Er wird die Bühne oder die Arena nicht verlassen, bis ihm seine Nummer gelungen ist. Sonst akzeptiert er in seinem Bewußtsein die Tatsache des Mißerfolgs, und bei der nächsten Vorführung wird er Angst haben, unsicher sein, ob es ihm gelingen wird, und wahrscheinlich wird es ihm auch tatsächlich mißlingen.

12. Mai

Die Schlüsselwendung des Mißerfolgs lautet «wenn bloß». Wenn das bloß nicht passiert wäre! Wenn ich das bloß anders gemacht hätte! Wenn bloß... wenn bloß! Ändern Sie die Schlüsselworte. Nehmen Sie das «Wenn-Bloß» aus Ihrem Geiste, ersetzen Sie es durch eine neue Wendung, und stellen Sie sich vor, wie sie in Ihrem Geiste festsitzt. Sie kann das Mißerfolgsdenken auslöschen. Statt «wenn bloß» sagen Sie «nächstes Mal... nächstes Mal... nächstes Mal».

13. Mai

Ein Mann hat gesagt: «Ich habe Angst gehabt, aber jetzt nicht mehr, denn nun habe ich fünf Dinge, die mir helfen: *Führung:* Gott führt mich in allem; *Gnade:* Gott tut für mich, was ich selbst nicht für mich tun kann; *Unerschrockenheit:* ganz einfach starken, unbezähmbaren

Mut; *gesunden Menschenverstand:* die natürliche, gesunde Fähigkeit zu denken; und das größte von allen: *Gott.*»

14. Mai

In seinem Buche «Das uneingeschränkte Weltall» (Zürich, 1963) weist Stewart Edward White darauf hin, daß man durch die Flügel eines Ventilators nicht hindurchsehen könne, wenn sie stillstehen oder sich langsam drehen. Wenn sich jedoch der Ventilator auf Höchstgeschwindigkeit drehe, könne man durch jede Stelle des Kreises hindurchsehen, in dem sich die Flügel bewegen, weil sie auf eine höhere Frequenz gebracht worden seien. Ist es nun nicht denkbar, daß sich um uns herum in diesem geheimnisvollen Universum diejenigen befinden, die wir geliebt und für eine Weile verloren haben, und daß wir in seltenen Augenblicken, wenn unsere seelische Frequenz mit der höheren Frequenz übereinstimmt, durch die Schranke hindurch einen Blick zu erhaschen vermögen?

15. Mai

Ein Freund von mir ist ein berühmter Baseball-Spieler mit einer unerhörten Treffsicherheit. Zu Beginn einer Saison hörte ich am Radio zwei Schlagsequenzen eines Spiels mit und erschrak, als er wegen schlechter

Schläge ausschied. Als ich ihn später am selben Tag traf, drückte ich ihm mein Bedauern darüber aus. «Ach», meinte er, «ich bin in der achten Schlagsequenz wieder ausgeschieden.» «Was – zweimal? Was ist bloß mit dir los?» fragte ich besorgt. «Gar nichts», erwiderte er unbekümmert. «Ich tröste mich mit dem Durchschnittswert. Um mit der Treffsicherheit zu schlagen, wie ich es jeweils getan habe, scheidet man etwa neunzigmal pro Saison aus. Wenn ich also heute zweimal ausgeschieden bin, heißt das, daß ich diese Saison nur noch achtundachtzigmal ausscheiden darf.»

16. Mai

Manche Leute glauben, sie könnten ihre Situation allein dadurch ändern und verbessern, daß sie sich von einem Ort zum andern bewegen. «Ich habe diese Stelle satt. Mein Talent liegt brach. Man schätzt mich hier nicht. Ich glaube, ich werde mich nach etwas anderm umsehen.» Solche Äußerungen entspringen oft der Illusion. Die Betreffenden tun sie manchmal, weil sie nicht nur der Stelle, sondern vielmehr ihrer selbst überdrüssig sind. Es wird sich kaum etwas für sie ändern, ehe sie nicht zuerst ihre Einstellung ändern. Und wenn sie das tun, werden sie keiner Flucht mehr bedürfen.

17. Mai

Leere Taschen haben noch nie jemanden von etwas abgehalten; nur leere Köpfe und leere Herzen tun das.

18. Mai

Tun Sie Ihr Bestes, vertrauen Sie auf Gott, dienen Sie Ihm, gehen Sie Ihren Weg mit Gott, lieben Sie die Menschen, tun Sie Ihre Pflicht, seien Sie redlich und rechtschaffen, leben Sie richtig, denken Sie richtig, und Sie werden mit sich selbst in Frieden leben.

19. Mai

Versuchen Sie, jeden Tag – am besten so um die Mitte des Nachmittags, wenn gewöhnlich ein Leistungsabfall eintritt – die Worte zu wiederholen «Denn in ihm leben wir, bewegen wir uns und sind wir...» (Apostelgeschichte 17,28) und sich dabei bildhaft vorzustellen, wie Sie an den göttlichen Kraftstrom angeschlossen sind. Bekräftigen Sie, daß Gottes neuschaffende Kraft jedem Teil Ihres Körpers, Ihres Geistes und Ihrer Seele Kraft, Energie und Gesundheit wiedergibt.

20. Mai

Man kann sich selbst mit seinen Gedanken müde machen – mit Gedanken des Überdrusses, der Angst, der Sorge oder des Ärgers und des Grolls. Hegt man jedoch Gedanken der Hoffnung, der Zuversicht, der positiven Einstellung und des guten Willens, entwickelt sich ein stetiger Strom von Energie. Man darf keine müden Gedanken haben; man muß lebensbejahende haben.

21. Mai

Es ist schwierig, konzentriertes, kreatives Denken wachzuhalten. Aber wir haben die Fähigkeit dazu. Wir dürfen niemals aufgeben – die Lösungen von Problemen werden sich einstellen. Doch die Anstrengung muß unternommen und fortgesetzt werden. Wie Leonardo da Vinci bemerkte, gibt uns Gott alles «um den Preis einer Anstrengung».

22. Mai

Ich habe einmal Präsident Dwight D. Eisenhower gefragt, wer der größte aller großen Männer gewesen sei, die er gekannt habe. Seine prompte Antwort lautete: «Es war kein Mann. Es war eine Frau – meine Mutter. Sie hatte wenig Schulbildung, doch die Bildung ihres Geistes, ihre Weisheit, gründete auf einem lebenslänglichen Studium der Bibel. Ich habe oft den Wunsch verspürt, sie um Rat zu fragen. Eines Abends spielten wir ein Kartenspiel, Mutter, meine Brüder und ich. Die Karten wurden gegeben, und ich bekam eine schlechte. Ich beschwerte mich. ‹Legt eure Karten hin, Jungs›, sagte Mutter. ‹Dwight, dies ist nur ein freundschaftliches Spiel bei dir zu Hause, wo man dich gern hat. Aber in der Welt draußen, wo es nicht soviel Liebe gibt, wirst du manche schlechte Karte bekommen. Und darum mußt du lernen, die Karten, die dir das Leben zuteilt, ohne Klagen anzunehmen. Spiel sie nur aus.›»

23. Mai

Der beherrschte Mensch ist ein starker Mensch. Wer stets ruhig bleibt, kommt vorwärts. Es ist erstaunlich, wie viele Leute ihre Laufbahn durch mangelnde Gefühlsbeherrschung zunichte machen.

24. Mai

Der geistige und seelische Eifer, den Begeisterung hervorbringt, vermag in jedem Menschen das Apathie/Mißerfolgs-Moment auszuschalten und bislang ungenutzte, ja ungeahnte persönliche Kräfte freizusetzen. Der Generaldirektor einer großen Gesellschaft erklärt: «Wenn ich zwischen zwei Personen mit ziemlich gleichen Fähigkeiten wählen muß, eine von beiden jedoch Enthusiasmus zeigt, so weiß ich, daß diese es weiter bringen wird als die andere, denn Enthusiasmus wirkt als selbstauslösende Kraft.» Begeisterung ist anstekkend. Sie reißt alles mit sich – und hat durchschlagenden Erfolg.

25. Mai

Der physische Tod ist ein Übergang im gesamten Lebensablauf. Die Seele, die nicht stirbt, braucht den irdischen Körper nicht mehr und erhebt sich zu einer höheren Lebensstufe, wo sie in wesentlich höher stehenden Verhältnissen wächst.

26. Mai

Sehen Sie im Geiste all Ihre Schwierigkeiten wie ein in Reih und Glied dastehendes Heer. Wie Sie so diesem Heer der Entmutigung, Enttäuschung, Frustration, Feindseligkeit und Schwäche gegenüberstehen, erklären Sie mit Bestimmtheit: «Ist Gott für uns, wer mag wider uns sein?» (Römer 8,31). Sie müssen wissen, daß Gott für Sie ist und daß seine Macht größer ist als aller Widerstand. Stellen Sie sich bildhaft vor, wie sich diese Feinde Ihres Friedens und Ihres Glücks zurückziehen und vor Gottes Macht weichen.

27. Mai

Indem wir stets das Beste erwarten, setzen wir unser ganzes Herz und unsere ganze Seele in das, was wir zu erreichen wünschen. Die Menschen erleiden im Leben Mißerfolge, nicht weil es ihnen an Fähigkeiten mangelt, sondern weil sie ihre Erwartung und ihren rückhaltlosen Einsatz nicht aufrechterhalten.

28. Mai

Man tut immer gut daran, sich vor Augen zu halten, daß eine, zwei oder auch drei verlorene Schlachten noch nicht bedeuten, daß man den ganzen Krieg verloren hat. Mit Gottes Hilfe kann man jeden Rückschlag, jede Niederlage einstecken, seine Kräfte sammeln und letzten Endes den Sieg davontragen.

29. Mai

In Zeiten der Mutlosigkeit ist es nützlich, Papier und Bleistift zu nehmen und sich alle positiven Punkte zu notieren, das heißt all das, was zu unseren Gunsten steht. Man wird mit Erstaunen feststellen, was man alles hat, sobald man aufhört, darüber nachzudenken, was man alles nicht hat.

30. Mai

Ein Arzt erzählte mir, er habe Menschen sterben sehen, nicht weil sie an organischen Beschwerden litten, sondern weil sie ihren Enthusiasmus, ihren Lebenswillen verloren hätten. Hätten sie die Lebensfreude beibehalten, die aus Enthusiasmus erwächst, so hätten sie die physischen Schwierigkeiten, mit denen sie zu kämpfen hatten, zu überwinden vermocht. Enthusiasmus ist ein Lebenselixier.

31. Mai

Sie haben einen Fehler gemacht? Wer hat das nicht? Doch vielleicht sind Sie der Auffassung, es handle sich um einen schwerwiegenden Fehler. Mir haben immer die folgenden Worte Grove Pattersons, eines berühmten Redakteurs, gefallen:

> *Ein Junge... stand an ein Brückengeländer gelehnt und beobachtete die Strömung des Flusses unter sich... Manchmal floß die Strömung schneller, dann wieder ganz langsam, doch immerzu floß der Fluß unter der Brücke weiter. Während der Junge an jenem Tage dem Flusse zuschaute, machte er eine Entdeckung. Es war nicht die Entdeckung von etwas Materiellem, etwas, das er hätte anfassen können. Er konnte es nicht einmal sehen. Er hatte eine Idee entdeckt. Ganz plötzlich – und doch mit Beschaulichkeit – wußte er, daß alles in seinem Leben eines Tages unter der Brücke hindurchfließen und wie Wasser verschwinden würde... Und er machte sich fortan keine unnötigen Sorgen über seine Fehler und ließ sich schon gar nicht dadurch entmutigen, denn es war ja nur Wasser unter der Brücke.*

JUNI

1. Juni

Das edle, vertrauende Herz vermag die erdrückenden Lebensumstände weit weg zu schieben. Der positive Geist kennt keine Grenzen. Er hat besondere Kraft, mit Problemen fertig zu werden. Menschen mit edlem Herzen und edlem Geiste brauchen keine Angst zu haben vor dem, was da kommen mag, denn diese Art Herz und Geist bestimmt die Beschaffenheit der Zukunft.

2. Juni

Gott, der uns ja erschaffen hat, erschafft uns immerzu neu. Wenn wir dazu beitragen, wird er uns laufend mit neuem Leben und größerer Kraft erfüllen. Wir können Lebensenergie haben, die sich niemals erschöpft, wenn wir uns bildhaft vorstellen, wie wir laufend neu erschaffen werden.

3. Juni

Eines ist gewiß: Um unser Leben erfolgreich zu leben, müssen wir die Neigung zu Irrtum oder die Tendenz zu Fehlern überwinden. Irrtum ist, was uns Unannehmlichkeiten bereitet. All unsere Fehler und Fehlschläge sind auf die Tendenz zu Fehlern zurückzuführen. Richtigkeit aber führt zu richtigen Ergebnissen, und Richtigkeit läßt sich entwickeln.

4. Juni

A. Harry Moore, ein armer Junge, der für drei Amtszeiten Gouverneur von New Jersey wurde, mußte sich in jungen Jahren seine Karriere erkämpfen. Oft verlor er den Mut und sagte zu seiner Mutter: «Mutter, ich bin entmutigt. Ich will etwas tun und jemand werden, aber ich hab' einfach das Zeug nicht dazu. Abgesehen davon haben wir kein Geld und keinen Einfluß.» Die Antwort seiner Mutter war sehr direkt: «Du hast sehr wohl das Zeug dazu. Alles, was man dazu braucht, ist Gott und gesunden Menschenverstand.» Das ist eine treffende Formel: «Gott und gesunder Menschenverstand.»

5. Juni

Was tun, wenn man in seinen Gefühlen verletzt wird? Man gebe sogleich heilenden Balsam auf die wunde Stelle. Vergebung ist die beste Medizin. Man muß seine Seele weit öffnen und allen Groll ausleeren. Man muß ihn ausschütten, bis keine Spur davon im Denken zurückbleibt. So werden die Wunden rasch verheilen.

6. Juni

Um den Tag zu einem guten Tag zu machen, stellen Sie ihn sich bildhaft als guten Tag vor. Wir werden so, wie wir denken. Die Ereignisse in unserm Leben, die guten wie die schlechten, werden von unseren Gedanken bestimmt. Machen Sie es sich zur Gewohnheit, sich gute Tage zu denken, und Sie werden wesentlich dazu beitragen, tatsächlich gute Tage zu haben.

7. Juni

Der amerikanische Philosoph Henry Thoreau pflegte am Morgen nach dem Erwachen im Bette zu liegen und sich alle positiven Dinge aufzuzählen, die ihm in den Sinn kamen: daß er einen gesunden Körper hatte, daß sein Geist wach war, daß seine Arbeit interessant war, daß die Zukunft vielversprechend aussah, daß die Menschen ihm vertrauten. Alsbald erhob er sich, um dem neuen Tag in einer Welt voller guter Dinge, guter Menschen und guter Chancen entgegenzutreten.

8. Juni

Nicht jeder Tag kann mühelos, nicht jeder vollkommen glücklich sein; doch selbst ein mühevoller, schwieriger Tag kann ein guter Tag sein. Robert Browning* wußte das, als er schrieb: «Unterdessen wuchsen mit fortschreitendem Tage die Schwierigkeiten, woraus ich schloß, daß ein Stern geboren würde.»

* *Robert Browning*, 1812–1889; englischer Dichter. Anm. d. Übers.

9. Juni

Sehen Sie im Geiste Ihren Körper als vollkommen in Zustand und Funktion. Sehen Sie nicht sein Nachlassen oder die Verschlimmerung seines Zustandes vor sich. Arbeiten Sie daran, nicht immer nach etwas zu suchen, das nicht in Ordnung sein könnte. Denken Sie positiv über Ihr körperliches Ich. Denken Sie sich Gesundheit, nicht Krankheit. Das ist entscheidend, denn geistige Bilder tendieren dazu, sich in die Tat umzusetzen.

10. Juni

An der Wand des Speisesaals eines vierhundert Jahre alten Gasthauses in Sankt Moritz habe ich folgende Inschrift gelesen: «Just wenn man glaubt, alles sei aussichtslos, kommt von irgendwoher ein kleiner Lichtstrahl.» Unsere Seele mag trostlos und verzweifelt scheinen. Doch Gott, der Allmächtige und Schöpfer, hat Hoffnung in uns errichtet, eine unerschütterliche Hoffnung tief in unserm Innern. Wenn Düsternis sich in unserer Seele festgesetzt hat, müssen wir unsere Gedanken weit öffnen und jenen «kleinen Lichtstrahl» hereinlassen, der «von irgendwoher kommt».

11. Juni

Als Henry Ford – den ich gern zitiere – fünfundsiebzig Jahre alt war, wurde er nach dem Geheimnis seiner

Gesundheit und Gemütsruhe gefragt. «Drei Regeln», gab er zur Antwort. «Ich esse nicht zuviel; ich mache mir nicht zuviel Sorgen; und wenn ich mein Bestes tue, so glaube ich, daß das, was geschieht, zum Besten geschehe.»

12. Juni

Mitglieder eines Service-Clubs einer amerikanischen Stadt gingen auf die Straße, um jeder Person, die glücklich aussah, einen Dollar zu geben. Am Ende des Tages hatten sie ganze dreiunddreißig Dollar vergeben können. Vielleicht wird das Leben in unseren Städten so unpersönlich, daß die Menschen sich unbedeutend fühlen und sich in ihr Schneckenhaus zurückziehen und statt lächeln nur noch starren. Ein friedliches, glückliches Gesicht aber ist ein Segen für Passanten und für einen selbst!

13. Juni

Ernest Hemingway hat von einem Kommandanten im Spanischen Bürgerkrieg geschrieben, der «nie wußte, wann alles verloren war, und wenn alles verloren war, sich wieder hinauskämpfte». So ist das bei Menschen, welche die Eigenschaft der Entschlossenheit besitzen. Sie machen weiter – was immer geschieht. Die Nicht-Lockerlassen-Einstellung verleiht Mut, Kraft,

Vitalität und Energie. Irgendwie scheinen sich solche Menschen immer in allem und jedem durchzukämpfen.

14. Juni

Geduldiges Verständnis ist das Geheimnis aller zwischenmenschlichen Beziehungen.

15. Juni

Die Visitenkarte eines Freundes von mir gibt Namen, Firma, Adresse – die üblichen Information – bekannt. Auf der Rückseite steht folgendes:

Der Weg zum Glück: Halte jeglichen Haß von deinem Herzen fern. Halte Sorgen von deiner Seele fern. Lebe einfach, erwarte wenig, gib viel. Fülle dein Leben mit Liebe aus. Verbreite Fröhlichkeit. Vergiß dich selbst, denke an andere. Tu, wie du möchtest, daß man dir tue. Probiere das eine Woche lang aus, und du wirst staunen.

16. Juni

Wir glauben nicht an die Unsterblichkeit, weil wir sie beweisen können, sondern wir versuchen, sie zu beweisen, weil wir nicht anders können, als daran zu glauben. In der Tat ist das instinktive Gefühl, daß sie wahr sei, einer der schlagendsten Beweise für ihre Wahrheit. Wenn Gott bei Seinen Kindern ein Ziel zu erreichen wünscht, so pflanzt er die Idee ihrem Instinkte ein. Der Instinkt für die Unsterblichkeit ist von solcher Universalität, daß ihm das Universum kaum mit Gleichgültigkeit begegnen kann. Wonach wir uns zutiefst sehnen, was wir im tiefsten Innern fühlen, das muß doch wohl eine grundlegende Wirklichkeit sein.

17. Juni

In einer gewundenen Gasse von Kowloon kam ich an einem Laden vorbei, in dem man Tätowierungen machen lassen konnte. Im Schaufenster waren einige Sujets ausgestellt: eine Meerjungfrau, eine Flagge und das Motto *Born to lose* (Zum Verlieren geboren). Letzteres verblüffte mich dermaßen, daß ich den Laden betrat und den Mann fragte, ob sich tatsächlich je irgend jemand diese Worte habe in die Haut tätowieren lassen. «Einige», erwiderte er. Und dann fügte er in gebrochenem Englisch eine weise Erkenntnis hinzu: «Bevor Tätowierung auf Körper, Tätowierung in Kopf.»

18. Juni

«... auf Hoffnung hin sind wir gerettet worden.» Dieses Bruchstück einer Stelle aus Römer 8,24 könnte vieles bedeuten. Wenn wir Hoffnung auf Gott haben, werden wir in die Ewigkeit gerettet. Wenn wir Hoffnung auf das Leben haben, werden wir vor manchem Mißerfolg und mancher Schwäche gerettet. Nehmen Sie diese Stelle in Ihrem Geiste auf: «... auf Hoffnung hin sind wir gerettet worden.»

19. Juni

Als ich mich zum Heer der Großväter gesellte, merkte ich, wie sich die Zeiten geändert haben. Als ich noch ein Kind war, standen Großväter in meinen jungen Augen mit einem Fuß im Grabe. Man sehe sich aber heutzutage einmal Großväter an! Das sind doch ganz schön muntere Kerle. Müssen es sein – wenn sie mit den Großmüttern Schritt halten wollen.

20. Juni

Denken Sie sich Freude, sprechen Sie von Freude, üben Sie Freude aus, teilen Sie Freude, tränken Sie Ihren Geist mit Freude, und Sie werden Großartiges erleben – heute und jeden Tag Ihres ganzen Lebens.

SOMMER

Jetzt kommt der herrliche Sommer. Es ist die Zeit im Verlaufe des Jahres, da uns die Natur still, aber eindrücklich ihre Wachstumskraft vor Augen führt. Die Bäume haben den uralten und doch ewig wunderbaren Vorgang des Austriebs von Tausenden von Blättern abgeschlossen. Ich habe mich immer darüber gewundert, wie ein Baum weiß, wann er sich mit Blättern schmükken muß, und wie er es tut. Wie aus den nackten Winterzweigen die grünen Sommerblätter werden, ist eines der großen Wunder, mit denen die Natur unser Leben verschönert und bereichert.

Blumen tragen allenthalben zum heiter-festlichen Wesen des Sommers bei, und der frohe Gesang der Vögel erfüllt die Luft. In Bäumen und Winkeln, welche die Vogeleltern sorgfältig ausgewählt haben, sind Nester gebaut worden. Milde Lüfte wehen leise, und goldenes Sonnenlicht sickert durch die Zweige und fällt sanft auf geschnittenes grünes Gras. Auf den Feldern wächst das Korn. Der Wind streicht liebkosend darüber hinweg.

Alles ist vollkommen, da Gott, der Schöpfer, es ersonnen und gemacht hat. Und Er hat niemals etwas schlecht gemacht. Indes, bei aller Hochachtung kann ich nicht umhin, mich jeden Sommer aufs neue zu fragen, warum es der Herr bloß für nötig hielt, Mücken und ähnliches fliegendes Getier zu erschaffen. Oh, ich weiß, daß das mit dem Gleichgewicht der Natur und alldem zu tun hat; dennoch muß ich gestehen, daß ich finde, diese Wesen störten den ungetrübten Genuß des Sommers.

Vor eine paar Jahren habe ich bei einer Firma im Südstaat Georgia, die sie seit der Zeit vor dem Sezessionskrieg herstellt, zwei altmodische Schaukelstühle gekauft. Wir haben im Dutchess County im Staate New York ein Haus aus dem Jahre 1830. Es steht auf einem Hügel mit Blick auf ein weites Tal. Weiße Säulen heben den großzügigen Portikus hervor, der auf Westen gegen den Hudson River gerichtet ist.

Um die Ecke befindet sich eine Seitenveranda mit Blick über ein Tal im Süden. Und die hintere Veranda vor der Küche gibt den Blick über ein weiteres Tal nach Connecticut hinein frei. Hier wurden diese famosen Schaukelstühle aufgestellt. Von diesem friedvollen Aussichtspunkt aus können wir über das weite Land blikken, zwischen großen Ahornbäumen hindurch, über das Tal bis hin zu Hügeln jenseits davon.

An einem warmen Sommernachmittag oder in der Kühle der Dämmerung sitze ich gerne hier mit meiner Frau Ruth, zufrieden schaukelnd, bis die Mücken und Schnaken uns in Schwärmen überfallen und surrend jeden exponierten Körperteil angreifen und stechen. Daher ziehe ich mich schließlich ins Haus zurück und hege dabei nicht gerade die freundlichsten Gedanken über den Sommer. Doch im Grunde genommen vermag selbst das die Freude und Herrlichkeit des Sommers, dieser wundervollen Zeit auf dem Höhepunkt des Jahres, nicht zu beeinträchtigen.

21. Juni

Wie kann man an seiner Stelle eine Beförderung erreichen? Ich empfehle die folgenden sechs Regeln:

1. *Nur darauf bedacht sein, die gegenwärtige Arbeit gut zu machen.*
2. *Nicht an eine Beförderung denken; einzig und allein danach trachten, jetzt effizient zu sein.*
3. *Hart arbeiten.*
4. *Von früh bis spät arbeiten.*
5. *Lernen und nochmals lernen, bis man sich wertvolles Know-how angeeignet hat.*
6. *Sich bemühen, keinen Herzinfarkt zu erleiden.*

22. Juni

Während des amerikanischen Sezessionskrieges verbrachte einmal ein Mann die Nacht im Weißen Haus in Washington. Mitten in der Nacht erwachte er plötzlich, und ihm war, als hörte er die Stimme Lincolns irgendwo in der Nähe, als ob er Schmerzen habe. Der Mann sprang auf, ging in den schwach erleuchteten Vorraum hinaus, und als er langsam dem Klang der Stimme nachging, gelangte er zu einer angelehnten Tür. Er spähte in das Zimmer und erblickte Lincolns hagere Gestalt mit ausgestreckten Armen im Gebet am Boden liegend. Lincoln flehte Gott demütig an, ihm Kraft zu geben, gegen sein Unzulänglichkeitsgefühl anzukommen. Lincoln wußte, daß er der großen Gabe Gottes bedurfte – «Meinen Frieden gebe ich euch» –, und daher erstrebte er sie und betete darum mit seiner ganzen Seele und seinem ganzen Herzen.

23. Juni

Sie haben in Ihrem Innersten große unversehrte Kräfte! Was immer das Leben gebracht hat, was immer Sie getan haben: die Erneuerungskraft in Ihnen besteht. Wenn Sie seelische Stärke auf diese unversehrten Kräfte einwirken lassen, können Sie das Leben neu aufbauen, was immer auch zuvor damit geschehen ist.

24. Juni

In einem Gespräch, das ich mit Herbert Hoover in seinen späteren Jahren führte, fragte ich ihn, wie er all die feindselige Kritik und den Haß habe ertragen können, mit denen er während seiner letzten Monate im Weißen Haus überhäuft worden sei. Er meinte darauf: «Ach, wissen Sie, ich bin Quäker...» und rief mir in Erinnerung, daß Quäkern von Kind auf beigebracht werde, innere Ruhe zu üben und zu entwickeln. «Wenn man im Innern ruhig ist, können einen die schweren Erfahrungen nicht überwältigen.»

25. Juni

Es muß Gott ja daran gelegen sein, daß wir einen gesunden, starken Körper haben – denn sagt uns die Bibel nicht, der Leib sei der Tempel der Seele?

26. Juni

Wenn Sie Ihr Bestes getan haben und etwas Enttäuschendes geschieht, prüfen Sie die Beeinträchtigung, statt einfach den Mut zu verlieren. Sie könnte einen Gewinn bedeuten. Thorwaldsen, der berühmte dänische Bildhauer, betrachtete mit Befriedigung eine fertiggestellte Christusfigur, die er aus Ton geformt hatte. Ihr Gesicht war dem Himmel zugewandt, die Arme hielt sie ausgestreckt in die Höhe. Es war die gebieterische Gestalt eines Siegers. In der darauf folgenden Nacht drang vom Meer her Nebel in das Atelier, der Ton wurde weich, und Kopf und Arme der Figur sanken nach unten. Thorwaldsen war bitter enttäuscht. Doch dann, als er sich die Figur besah, berührte ihn etwas daran zutiefst. Nun blickte Christus liebe- und teilnahmsvoll herab. Dies war ein viel eindrücklicheres Bild. Diese Statue, die den Namen «Kommet her zu mir» trägt, erlangte unsterblichen Ruhm.

27. Juni

Bruder Laurentius, ein frommer Mensch des 3. Jahrhunderts, war ein demütiger Mann, ein guter Koch und ein großer religiöser Entdecker. Sein Geheimnis eines guten Lebens lag in der Praktizierung von Gottes Gegenwart. Er glaubte daran, daß der Herr jederzeit, zu jeder Stunde des Tages und der Nacht, in jeder beliebigen Situation tatsächlich gegenwärtig sei.

28. Juni

Man kann einen Gedanken oder ein Denkmuster einzig und allein durch Verdrängung loswerden, das heißt dadurch, daß man an seine Stelle einen andern Gedanken setzt. Wenn Sie in Ihrem Geiste einen Gedanken des Mißerfolgs, der Entmutigung, der Frustrierung, kurz, irgendeinen negativen Gedanken hegen, ersetzen Sie ihn durch einen andern. Öffnen Sie Ihren Geist willentlich, und setzen Sie an die Stelle des negativen ein positives Denkmuster. Eine solche Verbesserung des «Gedankenklimas» vermag Ihr Leben zu ändern.

29. Juni

Trübsinn vertreibt Wohlstand. Wohlstand schreckt vor düsteren und negativen Gedanken zurück und wendet sich von Menschen ab, die von Pessimismus und Zweifeln erfüllt sind. Man hege heitere, lebensbejahende Gedanken, und man wird damit Wohlstand anziehen. Man darf sich nicht Mangel denken und damit Wohlstand verscheuchen. Man denke sich Fülle und rege damit den Überfluß an.

30. Juni

Nachfolgend eine fünftägige geistige Diät. Sie verhilft zu einer gesunden Gesinnung und dazu, jeden Tag zu einem guten Tag zu machen.

1. Tag: *Denken Sie von niemandem Böses, sondern nur Gutes von allen.*
2. Tag: *Legen Sie das Verhalten aller Menschen, denen Sie begegnen oder mit denen Sie zu tun haben, im bestmöglichen Sinne aus.*
3. Tag: *Schicken Sie jedem Menschen, zu dem Sie Verbindung aufnehmen oder an den Sie denken, wohlwollende Gedanken.*
4. Tag: *Denken Sie zuversichtlich über alles. Verbannen Sie unverzüglich jeglichen entmutigenden Gedanken, der Ihnen durch den Kopf geht.*
5. Tag: *Denken Sie den ganzen Tag über an Gottes Gegenwart.*

JULI

1. Juli

Was ist Hoffnung? Hoffnung heißt sich wünschen, daß etwas wahr werde – Zuversicht heißt daran glauben, daß es wahr wird. Hoffnung heißt sich etwas so fest wünschen, daß man es allen Anzeichen, daß man es nicht erlangen wird, zum Trotz unbeirrt weiter erwartet. Und das Erstaunliche daran ist, daß allein dieses Hoffen eine eigene Kraft schafft.

2. Juli

In einem jeden von uns wohnt ein seelischer Riese, der uns sagt, daß wir nicht Sklaven unserer Schwäche oder Opfer frustrierender Einschränkungen zu bleiben brauchen. Der Riese in uns kämpft allezeit darum, die Fesseln zu zersprengen, in denen wir ihn gefangenhalten. Wie, wenn wir ihn heute freiließen?

3. Juli

Thomas Edison soll eine sonderbare Bemerkung gemacht haben; sie ist faszinierend: «Wichtigste Aufgabe des Körpers ist es, das Hirn herumzutragen.» Das heißt nichts anderes, als daß man ist, wie man denkt, und daß unser Leben von dem bestimmt wird, was in unserem Hirn vor sich geht. Das Hirn ist der Mittelpunkt des Denkens, des Gedächtnisses, des Gefühls, der Träume, des Betens, des Glaubens – kurz, es ist der schöpferische und leitende Mittelpunkt des ganzen Menschen. Der Körper mag alt und schwach werden und an Behinderung leiden; doch solange das Hirn klar ist und funktioniert, lebt man wirklich.

4. Juli

Winston Churchill hielt einst eine Rede vor den Schülern von Harrow, seiner ehemaligen Schule. Er wies sie nachdrücklich darauf hin, wie wichtig es sei, daß sie daran glaubten, erfolgreich sein zu können. «Gebt nie, nie, nie, nie klein bei!» ermahnte er sie. Viermal sagte er «nie». Churchill gab jenen Jungen den Grundstein zum Erfolg: Niemals aufgeben.

5. Juli

Der positiv Denkende weigert sich nicht, das Negative zu erkennen; er weigert sich, dabei zu verharren. Positives Denken ist eine Denkart, die gewohnheitsmäßig die besten Ergebnisse aus den schlechtesten Voraussetzungen erwartet.

6. Juli

Der Verwaltungsdirektor eines Universitätsspitals hat einmal gesagt: «Wenn ein Mensch krank wird, sollte er seinen Pfarrer kommen lassen – genau so, wie er seinen Arzt kommen läßt.» Das will heißen, daß Kranken auf zwei Arten geholfen werden kann: mit wissenschaftlicher Medizin und Chirurgie sowie mit Glauben und Gebet.

7. Juli

Es gibt in Ihrem Leben keine Situation, in der Gott Ihnen nicht beistehen und helfen wird, wo immer die Schwierigkeiten liegen mögen. Er versteht all Ihre Probleme, all Ihre Enttäuschungen und Frustrationen. Er fühlt mit Ihnen in Ihren Schwächen. Er liebt Sie.

8. Juli

Ein alter Mann trat in einer beliebten Fernsehsendung auf. Als Gewinner eines Wettbewerbs hatte er einen Preis bekommen. Er stahl die ganze Schau mit seinem vifen Geist und seiner Schlagfertigkeit. «Man sieht, Sie sind ein sehr glücklicher Mensch», meinte der Leiter der Sendung bewundernd. «Worin besteht das Geheimnis, so glücklich zu sein wie Sie? Verraten Sie's uns doch.» «Nun, junger Mann», antwortete der Alte, «das ist furchtbar einfach. Wenn ich am Morgen aufwache, kann ich zwischen zwei Möglichkeiten wählen: Die eine ist, unglücklich zu sein, die andere, glücklich zu sein. Und eins müssen Sie wissen, junger Mann: Ich bin nicht so dumm, wie ich aussehen mag. Ich bin schlau genug, die zweite Möglichkeit zu wählen. Ich beschließe ganz einfach, glücklich zu sein... das ist alles.»

9. Juli

Ein Freund von mir hatte einmal ein Problem, das ihn tagelang beschäftigte und für das er einfach keine Lösung fand. Er beschloß, «kreative geistige Ruhe» zu praktizieren. Er begab sich allein in eine Kirche und saß lange Zeit in völliger Stille da. Bald einmal wurde er auf Ruhe eingestimmt. Endlich ließ er sein Problem in einen tiefen See geistiger und seelischer Stille fallen. Er meditierte über den göttlichen Frieden statt über besondere Einzelheiten seines Problems. Dies schien sein Denken zu klären, und bevor er jene Stätte der Stille verließ, tauchte eine Antwort auf, die sich als die richtige erwies.

10. Juli

Ein Arzt hat mir erzählt, daß fünfunddreißig bis fünfzig Prozent der Kranken krank seien, weil sie im Grunde unglücklich seien. «Freude besitzt eine ganz entscheidende therapeutische oder heilende Kraft», erklärt er, «während Schwermut und Depression kreativen Lebensprozessen entgegenwirken. Lernen Sie, mit Freude zu leben, denn «ein fröhliches Herz ist die beste Arznei» (Sprüche 17,22).

11. Juli

Wir müssen in diesem Leben die Eigenschaft freundlichen Gleichmuts entwickeln lernen. Das ist die Fähigkeit, die Menschen zu akzeptieren, wie sie sind, und sich nicht über ihre störenden Handlungen zu ärgern. Mit der Zeit wird sie uns gar dahin bringen, die Menschen gern zu haben.

12. Juli

Die verstorbene Frau Thomas A. Edisons erzählte mir, ihr Mann habe, als er im Sterben gelegen habe, seinem Arzt zugeflüstert: «Es ist sehr schön dort drüben.» Edison war Wissenschaftler; sein Geist war den Tatsachen zugetan. Er gab niemals etwas als Tatsache aus, das er nicht mit eigenen Augen hatte ablaufen sehen. Er hätte nie gesagt «Es ist sehr schön dort drüben», wenn er es nicht selbst gesehen und somit gewußt hätte, daß es so war.

13. Juli

Denkt ein Mensch gewohnheitsmäßig optimistisch und zuversichtlich, so regt er das Leben um sich positiv an und zieht damit positive Ergebnisse an. Was man geistig projiziert, reproduziert sich in Natura. Positives Denken setzt positive und kreative Kräfte in Bewegung, und Erfolg strömt einem zu.

14. Juli

Seien Sie kein *Wenn*-Denker; seien Sie ein *Wie*-Denker! Der *Wenn*-Denker lamentiert: «Wenn ich doch bloß mehr Glück gehabt hätte!» Der *Wie*-Denker hebt das Wie hervor: «Wie kompensiere ich diese Unzulänglichkeit?» oder «Wie bringe ich das fertig?»

15. Juli

Der wichtigste Faktor eines kreativen und erfolgreichen Lebens ist, daß man Herr und Meister über sein Leben und über sich selbst ist. Hat man das Gefühl, vom Leben oder auch von einem unbeständigen Ich herumgeschubst zu werden, so ist man weder glücklich noch wirkungsreich. Hat man aber sein Leben in der Hand, verspürt man eine Freude und Befriedigung, die durch keine andere aufgewogen werden kann.

16. Juli

In seinem Innersten besitzt der Mensch ein großes unangetastetes Kräftereservoir, das nur darauf wartet, gebraucht zu werden. Kein Mensch aber kann von diesem gewaltigen Potential Gebrauch machen, wenn er sein Selbst nicht kennenlernt. Darin liegt die Tragik vieler erfolgloser Menschen, daß sie ihr Leben in der Meinung zubringen, gewöhnlich, durchschnittlich, Dutzendmenschen zu sein. Da sie nicht genug an sich glauben, gelingt es ihnen auch nicht, ihre Talente zu nutzen. Sie leben ein ziel- und regelloses Leben, großenteils weil ihnen nie bewußt wird, wie ihr Leben tatsächlich aussehen könnte oder wozu sie imstande wären.

17. Juli

Etwas vom Schönsten, was man in seinem Leben jemals sagen kann, ist dies: «Ich habe die Möglichkeiten, mit denen Gott der Allmächtige mich ausgestattet hat, genutzt.»

18. Juli

Den meisten von uns bringt das Leben mancherlei Schwierigkeiten und Prüfungen; wir bedürfen allen Vertrauens und aller Stärkung, die wir nur bekommen können. Und nichts vermag einen so zu stärken wie ein Wort des Lobes. Nichts vermag unsere Selbstachtung so zu heben und unsere Batterien so aufzuladen wie ein bißchen Bewunderung. Warum also – da wir selbst so sehr danach lechzen – versagen wir anderen die Anerkennung so oft?

19. Juli

Bemühen Sie sich, kritische Einstellungen gegenüber Mitmenschen zu ändern. Gewöhnen Sie sich an, in anderen etwas Lobenswertes zu sehen, über sie etwas Gutes zu sagen. Haben Sie erst einmal angefangen, an anderen Leuten zu nörgeln, so werden Sie bald alles und jedes kritisieren, was sie tun. Geben Sie dieser Einstellung dadurch eine Wendung, daß Sie in jedem Menschen etwas zu loben finden, und sei es noch so klein. Das wird Sie selbst wesentlich glücklicher machen.

20. Juli

Gott gibt uns auf unsere Gebete dreierlei Antworten: *Ja, nein* und *warte ein Weilchen.* Antwortet uns Gott mit einem Nein, so sollten wir die Lektion zu verstehen suchen, die uns dieses Nein erteilt. Oftmals verschließt uns Gott Türen, um uns den Weg zur richtigen, offenen Tür zu weisen. Wenn wir Schwierigkeiten und Härten erfahren, ist es vielleicht, weil Gott etwas anderes für uns tun will, als wir erwartet oder bisher erlebt haben.

21. Juli

«Wissen Sie denn nicht, daß die Welt voller Probleme ist?» fragte der negativ Denkende. «Aber die Welt ist auch voller Lösungen von Problemen», erwiderte der positiv Denkende.

22. Juli

Ein jeder von uns besitzt die Macht, ein wahrhaft schönes Leben zu leben; und doch werden wir freiwillig unglücklich, wo es gar nicht nötig ist. Wir sollten uns fragen, was wir mit den Möglichkeiten und Begabungen gemacht haben, die uns Gott gegeben hat. Jeder Mensch sollte in sich hineinblicken und dem Herrgott dafür danken, daß er in sich brachliegende Kraft hat, die er nie genutzt hat – und sich dann daran machen, sie zu nutzen.

23. Juli

Helfen Sie anderen Angst und Sorge überwinden, und Sie werden selbst besser lernen, mit diesen Problemen fertig zu werden. Denken Sie jeden Tag, daß Sie in Gottes Gesellschaft leben. Wenn Er tatsächlich an Ihrer Seite ginge, wären Sie nicht besorgt und hätten keine Angst. Sagen Sie: «Er ist jetzt bei mir.» Wiederholen Sie diese Worte jedesmal, wenn Sie Angst haben oder sich Sorgen machen. Empfehlen Sie dieses Verfahren anderen, so wie ich es Ihnen empfehle. Es wirkt.

24. Juli

Die Welt braucht den Akt der Vergebung und der Reue millionenfach, um Haß, Groll und Bitterkeit hinwegzuspülen.

25. Juli

Was ist denn so Schlimmes daran, Probleme zu haben? Die einzigen Menschen, die keine Probleme haben, liegen auf dem Friedhof. Probleme sind ein Zeichen des Lebens. Seien Sie also froh, daß Sie sie haben. Es bedeutet, daß Sie leben. Je mehr Probleme Sie haben, desto mehr leben Sie. Wenn Sie keine Probleme haben, sollten Sie sich niederknien und sagen: «Herr, vertraust Du mir nicht mehr? Gib mir einige Probleme.»

26. Juli

Sie brauchen nichts zu fürchten, wenn Sie wissen, daß eine Handlung richtig ist. Beten Sie, um sicher zu sein, daß sie richtig ist; denn ist sie nicht richtig, so ist sie falsch, und nichts Falsches kann sich jemals als richtig erweisen. Wenn Sie wissen, daß Sie richtig handeln, so vermag nichts in der Welt Ihren Erfolg zu vereiteln. Ihr Weg mag schwierig sein; Sie mögen Schläge erleiden. Doch Gott wird Sie nicht im Stiche lassen. Er wird Ihnen durchhelfen. Wissen Sie, daß Sie richtig handeln, und dann schreiten Sie furchtlos voran.

27. Juli

Wenn Sie Gott um Vergebung gebeten haben, nehmen Sie die Erlösung an, verzeihen Sie dann aufrichtig sich selbst, und kehren Sie der Angelegenheit endgültig den Rücken. Füllen Sie Ihren Geist mit hoffnungsvollen, hilfreichen und positiven Gedanken. Haben Sie Vertrauen, und schreiten Sie vorwärts. «Ich vergesse, was hinter mir ist, strecke mich aber nach dem aus, was vor mir ist» (Philipper 3,13).

28. Juli

Die beste Methode, ein Problem anzugehen, ist folgende: Man schreibe es auf ein Blatt Papier nieder, studiere seine Komponenten, denke es durch. Dann lege man es beiseite und denke an Gott. Man vergesse das Problem und denke nur an Gott. Je mehr man an Ihn denkt, um so eher wird Er einem Ideen eingeben, wenn man sich wieder mit dem Problem befaßt. Und man wird seine Antwort bekommen. Gott antwortet. Erhält man die Antwort nicht gleich beim ersten Mal, so beim zweiten oder dritten. *Man muß seine Gedanken vom Problem zu Gott verlegen.*

29. Juli

Viele der feinsten Teppiche der Welt stammen aus kleinen Dörfern des Mittleren Ostens, Chinas oder Indiens. Diese Teppiche werden von Gruppen von Männern und Jungen unter Anleitung eines Meisterwebers von Hand hergestellt. Man arbeitet von der Unterseite des künftigen Teppichs her. Es geschieht öfters, daß ein Weber versehentlich einen Fehler macht und eine Farbe verwebt, die nicht ins Muster gehört. Ist dies der Fall, läßt der Meisterweber die fehlerhafte Stelle nicht etwa auflösen, um die Farbabfolge zu korrigieren; er findet vielmehr eine Möglichkeit, den Fehler harmonisch in das Gesamtmuster einzufügen. Wenn wir unser Leben weben, können wir lernen, unerwartete Schwierigkeiten und Fehler vorteilhaft in das Gesamtmuster unseres Lebens zu verweben. Etwas Gutes wohnt den meisten Schwierigkeiten inne.

30. Juli

Wenn wir ein paar Minuten – zehn oder vielleicht auch nur fünf – dafür reservieren, über Gott nachzudenken, unsere Sünden zu beichten, für diejenigen zu beten, die uns unrecht getan haben, und um Kraft zu bitten – und wenn wir dies konsequent Tag für Tag tun –, so wird alsbald ein wahrer Glaube unser Wesen mit seelischer Gesundheit und Kraft erfüllen.

31. Juli

Positives Denken ist, wie man über ein Problem *denkt.* Begeisterung ist, wie man in bezug auf ein Problem *fühlt.* Beide zusammen bestimmen, wie man angesichts eines Problems *handelt.*

AUGUST

1. August

Sagen Sie jeden Tag und ganz besonders wenn die Gegebenheiten düster aussehen und Sie Sorgen bedrücken: «Ich bin ein Kind Gottes.» Die Versicherung und Bekräftigung Ihres göttlichen Ursprungs wird Ihnen Kraft verleihen, und Sie werden erkennen, daß Sie, was auch kommen mag, jemanden haben, der über Sie wacht und Ihnen hilft. Dieses Vorgehen wird Ihnen helfen, jeden Tag zu einem guten Tag zu machen.

2. August

Ich habe folgende Methode zum Erwachen: Wenn ich nach dem Schlafen in einen zumindest halbbewußten Zustand zurückkehre, sage ich, noch während ich im Bette liege, diesen Satz aus Psalm 139: «Wenn ich aufwache, ist mein Sinn noch bei dir» (Vers 18). Diese Worte heben die größte Wahrheit, die der Mensch kennt, hervor: daß wir nicht allein sind. Dann, just bevor ich aus dem Bette steige, zitiere ich jene herrliche Stelle aus Psalm 118: «Dies ist der Tag, den der Herr gemacht hat; laßt uns frohlocken und seiner uns freuen!» (Vers 24). Er hat diesen Tag gemacht, damit er etwas Kostbares voller Möglichkeiten sei; Er schenkt ihn uns. Wir müssen aus diesem Tag etwas Gutes machen.

3. August

Ein prominenter Geschäftsmann, dessen Tagespensum stets gepfropft voll ist, dessen Verantwortungen zahlreich und Tätigkeiten mannigfaltig sind, verhält sich stets bewundernswert ruhig. «Ich habe gelernt, jeden Tag ruhig zu beginnen und zu beenden», erklärt er. «Ich sage für mich diese Zeilen aus Jesaja auf: ‹In Umkehr und Ruhe liegt euer Heil; in Stillehalten und Vertrauen besteht eure Stärke› (Jesaja 30,15). Das ist mein Geheimnis.»

4. August

Enthusiasmus ist keine zufällige, angeborene, wirklichkeitsfremde Alles-in-Rosa-Auffassung. Es ist eine starke, harte geistige Einstellung, die vielleicht schwer zu erlangen und aufrechtzuerhalten, aber wirksam, unendlich wirksam ist!

5. August

Wie wachsen manche Menschen über Unglück und Elend hinaus, das andere seelisch gebrochen, bitter und niedergeschlagen zurückläßt? Oberstes Gebot, Unglück standhaft zu begegnen, ist es, innere Ruhe und Gelassenheit zu erreichen. Aus dieser innern Ruhe erwächst schlichte Dankbarkeit – für das Geschenk des Lebens, für gegenwärtige schöne Dinge, für Vorteile und Möglichkeiten, die man doch hat. Und diese Dankbarkeit öffnet ihrerseits Türen zu Glück und Chancen, die einem sonst verschlossen bleiben.

6. August

Ein Gebet für Lebensenergie:
Herr, ich brauche mehr Energie und Kraft. Ich bin müde und erschöpft. Ich scheine nicht zu besitzen, was es braucht, um all das zu tun, was ich tun muß. Ich weiß, daß die falsche Art Gedanken einen müde machen kann. Ändere meine Gedanken, auf daß sie mit Deiner Macht harmonieren. Halte mich eng mit Dir verbunden, der Du die Quelle der Energie bist, der Energie, die sich niemals erschöpft. Ich nehme diese Kraft und Energie jetzt an. Ich danke Dir. Amen.

7. August

Vor langer Zeit lebte ein Mann, der seiner Frau jeden Tag die langen Kleider zuhaken mußte. Sie pflegten von oben bis unten zu haken, und der Mann wurde der Sache überdrüssig. Es war außerordentlich lästig. Er verlor jedesmal beinahe seine ganze Frömmigkeit. Er war der Mann, der den Reißverschluß erfand. Er begegnete einer Situation mit Kreativität.

8. August

Um Sorge zu kurieren, verbringen Sie jeden Tag fünfzehn Minuten damit, Ihren Geist mit Gott zu erfüllen. Sorge ist bloß eine schlechte geistige Angewohnheit. Sie können mit Gottes Hilfe jede Angewohnheit ablegen. Beginnen Sie, Glauben zu praktizieren, den Feind Nummer eins der Sorge. Sagen Sie jeden Morgen dreimal laut «Ich glaube». Beten Sie: «Ich lege mein Leben, diejenigen, die ich liebe, meine Arbeit in Gottes Hände. In Deinen Händen liegt nur Gutes. Amen.»

9. August

Wenn Sie sich beim Autofahren über das unhöfliche und rücksichtslose Verhalten eines andern Fahrers ärgern, reagieren Sie nicht in gleicher Weise, sondern bleiben Sie freundlich, und schicken Sie ein aufrichtiges Gebet für ihn gen Himmel. Man kann ja nie wissen, unter welchem Druck er so handelt. Kann sein, daß Ihr Gebet sein Problem erreicht. Eines ist gewiß: Es wird Sie erreichen.

10. August

Unter der von Spannung aufgerührten Oberfläche unseres Geistes liegt der Friede der tieferen geistigen Schichten. So, wie das Wasser unter der Oberfläche des Ozeans tief und ruhig ist, und wenn die Oberfläche noch so stürmisch ist, so ist der Geist in seinen Tiefen friedlich. Stille, in der man sich übt, bis man in ihrer Anwendung Meister wird, besitzt die Macht, in jenes Innere des Geistes und der Seele vorzudringen, in dem Gottes heilsame Ruhe wahrhaftig erlebt werden kann.

11. August

Wenn man den Mut verliert, wenn man es einfach nicht zu schaffen scheint, dann bedarf man einer Sache, ohne die es nicht geht: Es ist jene unschätzbare Zutat zum Erfolg, die sich unablässiges Bemühen nennt. Man darf ganz einfach niemals aufgeben.

12. August

«Lasset... eure Bitten vor Gott kundwerden», sagt die Bibel (Philipper 4,6). Aber sie sagt auch: «... euer Vater weiß, was ihr bedürft, ehe ihr ihn bittet» (Matthäus 6,8). Bitten Sie um das, was Sie wollen, doch seien Sie stets bereit anzunehmen, was Gott gibt. Es mag sich als das Bessere erweisen als das, worum Sie bitten.

13. August

Ist Ihnen je aufgefallen, daß Menschen, welche die Sprache beherrschen und sie wohl anwenden, indem sie ihre Schönheit zur Geltung bringen und ihre überzeugende Kraft einsetzen, auch diejenigen sind, die es im Leben weit bringen? Man braucht kein Podiumsredner zu sein. Die gute Wortwahl in der Alltagssprache zeichnet einen als andersartig und besonders aus, und auf stille Art wird ein solcher Mensch zu einer führenden Persönlichkeit. Man denke bloß, was für ein Reiz von einer Wortkombination ausgehen kann.

14. August

Man kann ein Ziel erreichen...

WENN *man weiß, worin das Ziel besteht;*
WENN *man es tatsächlich erreichen will;*
WENN *es ein gutes Ziel ist;*
WENN *man daran glaubt, daß man es erreichen kann;*
WENN *man sich anstrengt, um es zu erreichen;*
WENN *man positiv denkt.*

15. August

Gott hat Vertrauen in uns. Er gibt uns die Macht des persönlichen Urteils. Er macht uns zu moralisch frei Handelnden, so daß wir tun können, was wir wollen – auch wenn es mit Seinem Willen nicht in Einklang steht. Das ist ein großer Gott. Wäre Gott ein kleiner Gott, würde Er uns genau sagen, was wir zu tun haben. Doch

Er läßt uns frei entscheiden. Dennoch hofft Er, wir seien klug genug, richtig zu handeln.

16. August

Es gibt eine Geschichte von einer rostigen Spitzhacke, die im alten Goldgebiet von Colorado gefunden wurde. Der Stiel war längst verfallen; der rostige Pickel aber steckte noch nach hundert Jahren oder mehr im Boden. Die Art und Weise, wie er fest im Boden steckte, ließ die Entmutigung erkennen, von der ein enttäuschter Schürfer übermannt worden war. Sie schien zu sagen: «Ach, was soll's? Ich kann nicht mehr.» Die ergreifende Tatsache – die dieser unbekannte erfolglose Schürfer nie erfuhr – war, daß sich wenige Meter davon entfernt eine ergiebige Goldader befand, die später Millionen einbrachte. Wenn er bloß nicht aufgegeben hätte!

17. August

Wird eine Brieftaube freigelassen, fliegt sie instinktiv nach Hause. Zugvögel kehren über Tausende von Kilometern unfehlbar an den Ort zurück, von dem sie herkamen. Jedes Bächlein wird zum Meer hingelockt. Wir kommen von Gott; Er ist unser Zuhause. Jedes Menschenleben spürt den Zug hin zu Gott. Instinktiv wollen wir zu Ihm zurückkehren und Ihn immerfort lieben.

18. August

Hoffnung ist wie ein ausgestreckter Finger, der auf eine Tür gemalt ist, die uns verschlossen bleibt. Sie weist uns eine andere Tür etwas weiter weg, die sich zu unserer großen Chance öffnen wird. Wir müssen diese andere Tür – diese offene Tür – suchen.

19. August

Es gibt Menschen, die davor zurückschrecken, an Orte zu gehen, die sie an Verstorbene erinnern, die sie geliebt haben; andere schrecken davor zurück, Dinge zu tun, die sie einst mit anderen zusammen getan haben, so insbesondere Ehegatten. Das ist verständlich, vermag es doch das Gefühl körperlichen Verlustes zu verstärken. Das Gegenmittel besteht darin, sich in Erinnerung zu rufen, daß der geliebte Mensch in höherem Sinne nicht nur immer noch bei einem ist, sondern daß er weit beständiger bei einem ist, als dies zu seinen Lebzeiten möglich war. Als mich meine Frau Ruth anrief, um mir mitzuteilen, daß meine Mutter gestorben sei, sagte sie: «Ich weiß, daß du Mühe haben wirst, dies eben jetzt zu glauben, Norman, aber deine Mutter wird von nun an in viel höherem Maße bei dir und dir nahe sein, als dies je zuvor der Fall gewesen ist. Früher hast du immer Flugreisen unternommen, um ein paar Tage oder auch nur Stunden bei ihr zu sein. Jetzt kann sie immer bei dir sein.»

Das war wahr, und sobald ich in der Lage war, es zu erfassen, nahmen mein Kummer und mein Gefühl des Verlustes beträchtlich ab.

20. August

Stürme holen die Adler hervor; kleine Vögel suchen Schutz. Kleine Menschen versuchen, vor Stürmen davonzulaufen, und werden manchmal von ihnen zerschmettert. Große Menschen aber reiten auf Stürmen zu besseren Dingen.

21. August

Manche Leute sind bei schlechter Gesundheit nicht auf Grund dessen, was sie essen, sondern auf Grund dessen, was sie auffrißt. Seelische Übel greifen die Energie an und vermindern die Tatkraft; sie beeinträchtigen die Gesundheit. Und selbstverständlich machen sie den Betreffenden unglücklich. Dieser Zustand läßt sich mit einer tüchtigen Tagesdosis Glauben und positivem Denken verbessern.

22. August

Um Freunde zu haben, muß man zu allen freundlich und liebenswürdig sein. Man muß glücklich, offen und umgänglich sein und sich für vieles begeistern können. Man benehme sich so, daß die Leute eine gute Meinung von einem haben. Man habe ein anregendes und aufheiterndes Wesen. Man soll die Menschen gern haben und denen helfen, die es schwer haben. Das ist der Weg zu wahrem Glück.

23. August

Es gibt eine sichere Methode, festzustellen, ob man alt sei: Mit welcher Einstellung stehen wir am Morgen auf? Wer jung ist, wacht mit einem sonderbarenGefühl der Erregung auf, einem Gefühl, das er vielleicht nicht zu erklären vermag, das aber ist, wie wenn man sagte: «Das ist der große Tag. Das ist der Tag, an dem das Wunderbare geschehen wird.» Wer alt ist – unabhängig vom Alter –, steht mit gleichgültigem Gemüt auf, erwartet nicht, daß sich etwas Großes ereignen werde. Dieser Tag wird so ziemlich sein wie alle anderen. Der Betreffende mag hoffen, daß er nicht schlimmer sein werde. Manche Menschen behalten den Geist der Erwartung bis siebzig bei; andere verlieren ihn früh. Das Alter eines Menschen mißt sich in Wahrheit daran, wie gut er sich die Romantik der Jugend erhält.

24. August

Welch erstaunlichen Rahmen schafft Gott als Szenerie für unser Leben! Die endlosen Galaxien unzähliger

Sterne; die stürmischen, riesigen Ozeane; die ungestümen, brausenden Winde; rollender, widerhallender Donner; prasselnder Regen; das Schauspiel, das Wunder und die Verschiedenheit der Jahreszeiten in ihrem Ablauf; die Herrlichkeit der aufgehenden Sonne und die Pracht ihres Unterganges; der romantische Zauber des silbernen Mondenscheines – das alles sind Wunder, die uns unser Leben lang umgeben und an denen wir uns ergötzen sollen.

25. August

Seien Sie ein hartnäckiger Optimist! Das heißt einer, der sich seine Denkprozesse und Einstellungen nicht beeinträchtigen läßt – gleich, welches der Druck und die Beanspruchung sein mögen. Es ist einer, der zuversichtlich und frohgemut fortfährt, das Gute zu erwarten, wie die Lage auch aussehen mag. Dieser Optimist läßt sich durch nichts beirren und macht immerzu weiter.

26. August

Wenn Angespanntheit meinen Geist zu erfüllen beginnt, hilft mir oftmals eine bestimmte Methode: Ich praktiziere erinnerten Frieden, das heißt, ich kehre im Geiste zu den friedlichsten Szenen zurück, die ich erlebt habe, und vergegenwärtige sie mir. Ich versichere mir: «. . . der Friede Gottes, der allen Verstand überragt . . .» (Philipper 4,7).

27. August

Mit Glauben, Geduld und gesundem Denken kann man manches tun, was «sich nicht machen läßt». Dinge, die man zuvor für unmöglich hielt, werden möglich. Wie das US-Armeekorps der Pioniere versichert: «Schwieriges erledigen wir sofort. Unmögliches dauert etwas länger.»

28. August

Wenn Ihnen die Energie ausgeht und sich Entmutigung in Ihr Herz schleicht, wenn Sie sich zwingen müssen weiterzumachen oder wenn Sie ein unerwartetes Hindernis aus dem Gleichgewicht bringt und Sie Mühe haben, sich aufzufangen und wieder zu beginnen, ist das eine Krisenzeit, in der Ausdauer das entscheidende Moment ist. Haben Sie das, was es braucht, um sich aufzurichten und die Sache aufs neue anzupacken – und immer wieder aufs neue? Das ist die Frage. Natürlich haben Sie es!

29. August

Es gibt Geistverschmutzung. Wenn wir Haß, Vorurteile und negative Gedanken hegen, zerstören wir unser bestes Denkpotential. Wir vereiteln unsere größten Leistungen.

30. August

Und wenn Sie die ganze Welt bereisten, Sie würden doch niemals einen Menschen finden, der ganz so wie Sie ist. Die Genetiker erklären, wenn es möglich wäre, daß ein Paar Millionen von Kindern hätte, so gäbe es niemals zwei, die genau gleich wären. Weil Sie anders als alle anderen sind, gibt es etwas, das nur Sie allein auf dieser Welt tun können. Nur dadurch können Sie ein wahrhaft kreatives Leben leben oder das höchste Glück erfahren, daß Sie sich selbst sind – daß Sie Ihr eigenes, einzigartiges Potential verwirklichen.

31. August

Ich glaube nicht, daß man je geliebt werden kann, wenn man nicht andere Menschen aufrichtig liebt. Selbst ein Hund weiß, wenn man ihn liebt. Zusammen mit meinem Hause auf dem Lande habe ich einen alten Hund gekauft. Ich habe ihn gekauft, weil er zu mir herkam, seine Pfote auf mich legte, mich leise anstieß und mich dabei mit seinen schönen Augen ansah, wie um zu sagen: «Ich bin da.»

SEPTEMBER

1. September

Jemand, der sich selbst aus Schuld- oder Minderwertigkeitsgefühlen heraus nicht gern hat, wird häufig versuchen, der schmerzlichen Erkenntnis dieses Zustandes zu entrinnen, indem er seine Ungehaltenheit an anderen ausläßt. Er projiziert die Abneigung gegen sich selbst auf andere. Es ist bezeichnend, daß das Gebot, das mit «Du sollst deinen Nächsten lieben» beginnt, mit «wie dich selbst» endet (Leviticus 19,18). Hat ein Mensch nicht ein normales Maß an Selbstachtung, so kann er andere nicht aufrichtig lieben. Abneigung gegen sich selbst ist ein gewaltiges Hindernis in der Schaffung oder Erhaltung guter Beziehungen.

2. September

Der hartnäckige Optimist nimmt einer Tatsache gegenüber eine positive Haltung ein. Er betrachtet sie realistisch, sieht sie genau so, wie sie ist, aber er sieht noch mehr. Er sieht darin eine Herausforderung an seine Intelligenz, seine Erfindungsgabe und seinen Glauben. Er sucht Einsicht und Führung bei der Auseinandersetzung mit der harten Tatsache. Er überlegt fortwährend. Er weiß, daß es eine Antwort gibt, und schließlich findet er sie auch. Vielleicht ändert er die Tatsache, mag sein, daß er sie ganz einfach umgeht, oder vielleicht lernt er damit leben. In jedem Fall aber hat sich seine Haltung gegenüber der Tatsache als wichtiger als die Tatsache selbst erwiesen.

3. September

Verordnung: Bis sich der Zustand bessert, täglich

1. *sich zwei Minuten nehmen, um über Gott nachzudenken*
2. *einen Psalm lesen*
3. *ein Kapitel aus den Evangelien lesen*
4. *jemandem etwas Liebes erweisen*
5. *an sich selbst arbeiten*
6. *eine Atmosphäre des Glaubens pflegen*
7. *glauben lernen – an Gott, an das Leben und an sich selbst*

4. September

Stärker als Wille ist Phantasie. Man könnte auch von aktiver Vorstellungskraft sprechen. Das bedeutet Projektion geistiger Bilder eines angestrebten Ergebnisses. Eine grundsätzliche Anlage des menschlichen Wesens besteht darin, wie das zu werden, was man sich vorzustellen pflegt. Das tiefverankerte geistige Bild strebt danach, sich in die Wirklichkeit umzusetzen. Stellt man sich bildhaft ein Ziel vor und hält es im Bewußtsein fest, so neigt der Geist dazu, das Bild zu verwirklichen.

5. September

Die Beruhigung des Geistes ist wichtig zur Erlangung eines Zustandes von Körper, Geist und Seele, der vollkommene Ruhe herbeiführen wird. Stellen Sie sich Ihren Geist eingehend vollständig ruhig vor – wie die Oberfläche eines Weihers, den kein Lüftchen kräuselt. Stellen Sie sich Ihren Geist regungslos und von tiefer Ruhe erfüllt vor. Denken Sie sich Stille, bis Sie eine Atmosphäre der Stille zu umgeben scheint. Flößen Sie Ihrem Geiste friedliche Ideen ein im Wissen darum, daß Ihre Gedanken für Suggestion empfänglich sind. Stellen Sie sich langsam und eingehend Friede in Ihrem Innern vor.

6. September

Tun Sie, ehe dieser Tag zu Ende geht, etwas ganz Bestimmtes und Konkretes, das Ihre Entschlossenheit kundtut, sich und Ihr Leben zu bessern. Begleichen Sie eine Schuld. Stellen Sie eine zerstörte Beziehung wieder her. Beenden Sie einen Streit. Entschuldigen Sie sich. Beten Sie für jemanden. Besuchen Sie jemanden, der krank ist. Verzichten Sie darauf, etwas zu kaufen, das Sie sich kaufen wollten, und verwenden Sie das Geld statt dessen für einen wohltätigen Zweck. Was immer Sie tun, tun Sie es still – ohne Zurschaustellung. Und tun Sie es nicht in der Hoffnung auf Belohnung, sondern ganz einfach, weil Sie es tun wollen, weil Sie es vorziehen, ein aufs Innere ausgerichteter Mensch zu sein.

7. September

Am Morgen unseres vierunddreißigsten Hochzeitstages gingen Ruth und ich in die Kirche von Syracuse, wo wir getraut worden waren. Wie gut ich mich an den Tag erinnere, da ich sie zum ersten Mal sah! Ich hielt damals anschließend an den Gottesdienst eine Komiteesitzung ab. Die Tür ging auf, und herein stürzte ein junges Mädchen. Ich hatte es noch nie zuvor gesehen, und doch sagte ich zu mir selbst: *Das ist das Mädchen für mich.* Selbstverständlich mußte ich sie zuerst überreden, doch es war der Anfang einer Romanze, die sich nun über mehr als fünfzig Jahre hinzieht. Als wir beide an unserm Hochzeitstag die Kirche betraten, war niemand sonst da. Darum bat ich: «Ruth, bitte geh hinaus und stürze noch einmal zu jener Tür herein.» Und sie tat es. Glauben Sie mir, ich würde noch einmal genau gleich handeln. Und sie sagt, sie würde das auch.

8. September

Der Durchschnittsmann leert gewöhnlich seine Taschen auf die Kommode oder den Schreibtisch aus, ehe er zu Bett geht. Ich für mein Teil stehe während dieser Amtshandlung lieber neben einem Papierkorb und freue mich zu sehen, wie viele Dinge ich wegwerfen kann: Notizen, Memos, Zettelchen, erfüllte Selbstanweisungen, auch allerei Krimskrams, den ich aufgelesen habe. Mit Erleichterung überlasse ich soviel wie möglich dem

Papierkorb. Noch wichtiger, als die Taschen zu leeren, ist es vielleicht, seinen Geist zu leeren. Im Verlaufe des Tages lesen wir allerlei geistige Kleinigkeiten auf: ein bißchen Kummer, ein wenig Groll, etwas Ärger, möglicherweise gar einige Schuldgefühle. All dies sollte jeden Abend ausgeleert werden, denn wird es nicht eliminiert, so häuft es sich an und zehrt an der Lebensfreude.

9. September

Ein Kritiker ist etwas Positives, wenn auch vielleicht auf unangenehme Weise. Betrachten Sie Kritik objektiv, und fragen Sie sich, ob sie gerechtfertigt sei. Ist sie es, so bemühen Sie sich, daraus zu lernen, auch wenn sie unfreundlich ist. Ist sie nicht begründet, so vergessen Sie sie. Kritisieren Sie nicht Ihrerseits, sondern fahren Sie einfach fort, Ihren Fähigkeiten entsprechend Ihr Bestes zu tun. Gewiß, es tut weh, doch sollen wir ja gar nicht durchs Leben gehen, ohne daß uns je etwas weh tut. Wir haben die Aufgabe, aus uns selbst starke Menschen zu machen.

10. September

Ein alter chinesischer Bauer ging, einen Stock über der Schulter, die Straße entlang. Am Stock hing ein Topf, der mit Sojabohnensuppe gefüllt war. Der alte Mann stolperte, der Topf fiel zu Boden und zerbrach.

Der Bauer ging unbeirrt weiter. Ein Mann sprang herbei und rief aufgeregt: «Weißt du denn nicht, daß dein Topf zerbrach?» «Doch», meinte der Alte, «ich hab' ihn runterfallen hören.» «Warum hast du dich denn nicht umgedreht, um etwas zu tun?» «Er ist zerbrochen; die Suppe ist weg – was kann ich dagegen tun?» fragte er.

11. September

So kann man einen Tag gut beenden und sich auf einen neuen guten Tag vorbereiten: Wir dürfen den Tag nicht in die Nacht mit hinübernehmen. Lassen wir ihn ruhen, derweil wir selbst ruhen. Ehe wir einschlafen, sollten wir unsere persönliche Welt geistig kurz durchgehen und Gott für alles und jedermann danken. Zählen wir die Pluspunkte in unserm Leben; nennen wir jeden einzelnen davon. Dann sagen wir zu uns selbst: «Gott wacht über mich, mein Haus und all meine Lieben.» Schlafen wir dann ein, und überlassen wir alles Gott.

12. September

In der Prärie können Winterstürme den Viehherden große Verluste zufügen. Die Temperatur fällt auf minus zwanzig Grad. Vereisender Regen und heulende Winde peitschen die Ebenen. Schnee häuft sich zu Verwehungen an. In dem Wirbel sollen einige Rinder den eisigen Stürmen den Rücken zuwenden und sich langsam mit dem Winde treiben lassen, bis sie zu einem Grenzzaun gelangen, der ihnen den Weg versperrt. An diesem Zaun häufen sie sich an, und viele von ihnen gehen zugrunde. Andere Rinder jedoch verhalten sich anders. Sie wenden sich gegen den Wind und arbeiten sich langsam voran, bis sie zu einer Umzäunung kommen. Hier bleiben sie stehen, Schulter an Schulter, und trotzen dem Sturm. «Wir finden sie fast immer am Leben und wohlauf vor», versicherte ein alter Cowboy. «Das ist die größte Lektion, die ich jemals in der Prärie gelernt habe: Schwierigkeiten kopfvoran anzupacken und nicht umzukehren und davonzulaufen.»

13. September

Der amerikanische Flieger und Luftfahrtbeamte Edward Rickenbacker zeigte mir einmal eine Entspannungsübung: Man sitzt locker in einem Sessel und läßt sich ganz weich und schlaff werden. Man stelle sich vor, man sei ein mit Kartoffeln gefüllter Jutesack. Im Geiste schneidet man die Schnur auf und läßt die Kartoffeln hinausrollen. Dann sei man so wie der Sack, der zurückbleibt. Man hebe einen Arm nach dem andern und lasse ihn schlaff wieder fallen. Dasselbe tue man mit den Beinen und den Augenlidern. Man stelle sich vor, wie sich sämtliche Muskeln entspannen. Dann sage man: «Alle Spannung läßt nach, aller Streß weicht von mir. Ich bin ruhig. Ich bin im Frieden mit Gott, mit der Welt und mit mir selbst.»

14. September

Hegen Sie negative Gedanken, und Sie werden damit negative Kräfte aktivieren und im allgemeinen negative Ergebnisse anziehen. Gleiches zieht Gleiches an. Senden Sie Haß aus, und Sie werden Haß zurückbekommen. Senden Sie Angst aus, und Sie werden Angst zurückerhalten. Senden Sie Mißerfolg aus, und Sie werden Mißerfolg anziehen. Umgekehrt gilt: Senden Sie positive Gedanken aus, und positive Ergebnisse werden sich bei Ihnen einstellen. Wir fügen uns selbst Niederlagen bei oder erringen Siege durch die Gedanken, die wir hegen.

15. September

Gewisse Menschen weigern sich schlicht, alt zu werden. Mir gefällt der Achtzigjährige, der zu mir sagte:

> *«Was ist daran so schlimm, achtzig Jahre alt zu sein? Es kommt nicht so sehr darauf an, wie lange man schon dagewesen ist; was zählt, ist, was man getan hat, während man dagewesen ist. Ich bin zwar schon achtzig Jahre auf dieser Welt – aber ich habe keine alte Philosophie; ich habe keine alten Gedanken. Ich bin zufällig Besitzer des Geschäftes, das ich führe. Aber ich kann es doch immer noch führen. Wenn ich einen hellen jungen Mann finde, der so geschickt ist wie ich, dann werde ich*

mich zurückziehen. Denken Sie nicht, nur weil ich hinke, könne ich das Geschäft nicht führen. Man betreibt ein Geschäft nicht mit dem Bein, sondern mit dem Kopf. Und mein Kopf ist in Ordnung. Ich habe nicht die Absicht, je alt zu werden. Ich weiß schon, daß eines Tages meine Todesanzeige in der Zeitung erscheinen wird, aber ich werde mein ganzes Leben lang das Leben genossen haben.

16. September

Rufus Jones, ein quäkerischer Erzieher und Philosoph, wies darauf hin, daß der Begriff *Individuum* ein Wesen bezeichne, das sich nicht teilen lasse. Wenn man sich selbst auf der Seite des wahren Ich aufbietet, wird man lebendig, erreicht mehr, gewinnt ein Gefühl größern Wertes – und lebt mit Freude. Die Anstrengung, derer es bedarf, um sein eigenes Individuum zu sein, zahlt sich in Befriedigung aus.

17. September

Sein Denkmuster zu ändern mag ein langer, schwieriger Prozeß sein. Es kann jedoch durch die Gewohnheit zustande gebracht werden, ungesunde Gedanken durch gesunde zu ersetzen. Man kann zum Beispiel Haß aus sich hinausbeten. Ein Mann erzählte mir, er habe hundertzweiundvierzigmal beten müssen, um einen bestimmten Haß loszuwerden, doch dann sei er wie ein Fieber zurückgegangen und er selbst sei ein geistig und seelisch gesunder Mensch geworden. Man darf sich nicht durch Abneigung, Haß oder Groll selbst erschöpfen. Es ist zwar nicht einfach, von dieser Gewohnheit zu einer Gewohnheit des Liebens überzugehen; doch wer genau dies tut, wird sehr glücklich werden.

18. September

Wenn Ihre Lage und Ihre Aussichten hoffnungslos aussehen, denken Sie daran, daß keine Situation so völlig düster ist, als daß man nicht etwas Konstruktives daraus machen könnte. Wenn Sie einem Minus gegenüberstehen, fragen Sie sich, was Sie tun können, um es zu einem Plus zu machen. Weisen Sie Hoffnungslosigkeit von sich; setzen Sie an ihre Stelle Glauben und Zuversicht; legen Sie intelligentes, beharrliches Bemühen an den Tag, und Sie werden sich selbst aus der Hoffnungslosigkeit erheben.

19. September

Ein Verkäufer, der von einem erfolglosen zu einem erfolgreichen Menschen wurde, erzhählte mir, wie er das gemacht hatte:

Ich ging an einem Sonntag in einer kleinen Stadt, in der ich den Montag abwarten mußte, zur Kir-

che. In seiner Predigt äußerte der Pfarrer folgenden Gedanken: «Ihr werdet nie das Beste aus dem Leben herausholen, wenn ihr dem Leben eurerseits nicht alles gebt, was ihr habt. Wartet nicht darauf, daß euch das Leben etwas gebe; gebt ihr dem Leben etwas.» Das war für mich ein neuer Gedanke – genau das, was ich nicht tat. Es war, als öffnete sich in meinem Geiste eine Tür. Ich hatte ein völlig neues Bild von mir selbst, und ich beschloß, dem Leben alles zu geben, was ich hatte. Also stand ich als erstes am folgenden Tage früher als gewöhnlich auf, nahm die Liste der Personen hervor, die ich an jenem Tag aufsuchen wollte, und betete für eine jede von ihnen. Ich war beim ersten Geschäft, bevor es öffnete. Ich half dem Mann beim Aufschließen und schloß meinen ersten Verkauf ab, bevor ich normalerweise auch nur aufgestanden wäre. Und ich hatte den ganzen Tag lang einen herrlichen Tag. Es war wie ein Wunder! Die ganze Zeit hatte ich darauf gewartet, daß mir das Leben etwas gebe, und es hatte es nicht getan. Nun gab ich dem Leben etwas, und es gab mir Wunderbares zurück.

20. September

Einer der hervorragendsten Golf-Profis sagte einmal zu mir: «Eines der Geheimnisse eines guten Schlages besteht darin, zu ‹sehen›, wie der Ball dorthin geht, wo man ihn haben will, bevor man den Schlag ausführt.» Und Pianisten haben mir erklärt, man könne ein Stück im Geiste üben, ohne auch nur in der Nähe eines Instrumentes zu sein. Man brauche sich bloß die Noten vor dem geistigen Auge zu vergegenwärtigen und sie mit dem innern Ohr zu hören. Welches auch Ihr Ziel sein möge – verankern Sie, um es zu erreichen, in Ihrem Geiste ein deutliches, erfolgreiches Ergebnis. Halten Sie das Bild fest, und machen Sie sich an die Arbeit, denn Sie haben eine zu verwertende Kraft in Bewegung gesetzt.

21. September

Behalten Sie die Mundwinkel oben. Lächeln Sie und Seien Sie glücklich. William James* hat behauptet, wir seien glücklich, weil wir lächelten, und wir lächelten nicht, weil wir glücklich seien. Das Lächeln komme zuerst. Es ist auch so, daß Glück im Herzen ein Lächeln auf die Lippen bringt. Pflegen Sie Optimismus, und halten Sie sich stets an die Lichtseiten. So werden Sie sich eine glückliche Lebenslage schaffen.

22. September

Ihr Geist wird Ihnen genau das zurückgeben, was Sie ihm eingeben. Wenn Sie Ihrem Geiste über eine län-

* *William James,* 1842–1910; amerikanischer Psychologe und Philosoph; Begründer des Pragmatismus. Anm. d. Übers.

gere Zeitspanne Mißerfolg eingeben, wird er Ihnen Mißerfolg zurückgeben. Wenn Sie aber Ihrem Geiste über lange Zeit starken Glauben eingeben, wird er entsprechende Ergebnisse zurückgeben.

HERBST

... liegt eine Harmonie
Im Herbst und Glanz in seinem Firmament,
Wie man im Sommer nie gehört
und niemals hat gesehen,
Als wär' es nie gewesen, als könnt' es nicht bestehen.

Das hat Percy Bysshe Shelley geschrieben. «Harmonie» und «Glanz« treffen auf den Herbst zu. Doch ich betrachte ihn auch als beglückende Jahreszeit. Ein weiteres aussagekräftiges Adjektiv, das man mit dem Herbst in Verbindung bringen könnte, ist «prächtig». Denn Wälder, die in Farben leuchten, die kaum zu beschreiben sind, und Hügel und Täler, die weit ausgebreitet daliegen wie ein Orientteppich – dieser Pracht kann man sich nicht verschließen.

Ich weiß schon, woher die Idee von Traurigkeit rührt: vom sterbenden Jahr, von der frühen Dämmerung, vom Vergehen der Sommerfülle und dergleichen. Das letzte Blatt, das sich noch festhält, ruft lange, von Melancholie durchzogene Gedanken hervor.

Doch genug davon. Wandern wir an einem späten September- oder einem frischen Oktobertag auf einem friedlichen Landsträßchen dahin. Der Duft des Herbstes erfüllt die Luft. Dunst liegt über dem Horizont, über uns breitet sich der endlose, sanfte Himmel aus, vor uns liegen die warmen Farben der Äcker und Felder, und weit oben ziehen die Zugvögel dahin. Den Weg entlang, all dies unfaßbar Schöne rund um uns her und an jeder Wegbiegung Gedanken an zu Hause, Erinnerungen an alte Zeiten – das ist die tiefsinnige Gabe des Herbstes.

Und begleitet wird sie von der Musik der fallenden Blätter. Ruhig schweben sie hernieder, rot, gelb, braun, und häufen sich zu Schichten, bis man knöcheltief durch sie hindurchwatet. Seltsam, dieses Geräusch... Wir haben es als Knirpse kennengelernt, und wenn wir achtzig und darüber sind, klingt es in unseren Ohren noch genau wie an jenen längst vergangenen Oktobertagen, das Rascheln der Blätter.

Das Zirpen der Grillen hat aufgehört. Nun sind die Nächte still. Der herbstliche Vollmond ist groß und rund und steigt hoch hinauf. Die Luft ist kühl und frisch. Im gemütlichen Hause brennt ein helles Feuer im Kamin. Äpfel und Nüsse liegen bereit; Most fließt aus dem Kruge. Es ist Herbst, es ist Oktober. Auf der ganzen Welt ist nichts ganz so wie unser Herbst.

23. September

Singen Sie jeden Tag mindestens ein Lied. Kann sein, daß das nicht gerade zur Erbauung Ihrer Familie oder Ihrer Freunde beiträgt, es wird aber ein hervorragendes Stärkungsmittel für Sie sein. Ein Kirchenlied wirkt am besten – ein Kirchenlied bei der morgendlichen Dusche wird Ihren Geist im Innern waschen, wie Wasser und Seife es außen herum tun.

24. September

Ruhe und Tätigkeit sind die Gegenstücke schöpferischer Energie. Ich bezweifle, daß jemand jemals ein schöpferisch Tätiger sein kann, der nicht gleichzeitig ein schöpferisch Ruhender ist.

25. September

«Versuchen Sie je, über Gott zu sprechen?» fragte ich eine Frau, deren Ehe in Schwierigkeiten steckte. «Nein», erwiderte sie. «Mein Mann spricht zwar sehr viel von Gott, aber nicht so, wie Sie meinen. Wenn wir miteinander reden, so diskutieren und streiten wir – über Rechnungen und lauter unangenehme Dinge.» Ich schlug ihr vor, fürs erste zu versuchen, jeweils ein Tischgebet zu sprechen. In der Regel setzte sich ihr Mann hin und griff mißmutig zur Serviette. Endlich unterbrach sie eines Abends sanft mit den Worten: «Ich spreche jetzt ein Tischgebet.» Dasselbe tat sie am folgenden Abend und wiederum am folgenden und wiederum am folgenden, bis er schließlich sagte: «Also gut, jetzt ist die Reihe an mir. Ich spreche jetzt das Tischgebet!» Danach wurde es einfacher, über die Dinge vernünftig zu sprechen. Die beiden berichten mir, ihre Ehe sei jetzt «in guter Verfassung.»

26. September

Man sollte den Tag stets mit einem Gebet beginnen. Das verhilft dem Geiste wie nichts anderes zu einer guten Verfassung. Selbst wenn man keine Zeit hat, sollte man beten. Es ist so wichtig. Man beginne den Tag immer mit dem Gedanken an Gott, Seine Liebe und Fürsorge und mit dem Gedanken an die Verantwortung, die man hat, Ihm zu dienen. Wie ein alter Freund von mir so schön sagte: «Erfülle den Geist ganz mit Gott, und der ganze Tag wird voller Glückseligkeit sein, selbst wenn der Tag nicht einfach ist.»

27. September

Im Verlaufe eines Gesprächs, das ich mit einem Arzte führte, fragte ich ihn, was seiner Meinung nach die physiologischen Vorteile von Optimismus gegenüber Depression seien. Er erklärte mir: Seelische Depression erhöht die Möglichkeit einer Infektion um mindestens das Zehnfache. Optimismus dagegen kann geradezu als Kraft wirken, welche die Infektion ausbrennt. Menschen, die eine zuversichtliche Haltung beibehalten, haben eine eigenartige Macht über Krankheit. Ich empfehle eine optimistische, vertrauende Einstellung als eines der größten Hilfsmittel der Gesundheit.

28. September

Das Folgende ist eine einwöchige Behandlung, die bei Anspannung, Nervosität und Streß angezeigt ist:

Erster Tag: *«Frieden lasse ich euch zurück, meinen Frieden gebe ich euch. ... Euer Herz lasse sich nicht beunruhigen und verzage nicht!» (Johannes 14,27).*

Zweiter Tag: *«Bewährten Sinn bewahrst du in Frieden, weil er auf dich vertraut» (Jesaja 26,3).*

Dritter Tag: *«Mein Angesicht wird vor dir her gehen, und ich will dich zur Ruhe bringen» (Exodus 33,14).*

Vierter Tag: *«Sei stille dem Herrn und harre auf ihn; erhitze dich nicht...» (Psalmen 37,7).*

Fünfter Tag: *«Kommet her zu mir alle, die ihr mühselig und beladen seid, so will ich euch Ruhe geben» (Matthäus 11,28).*

Sechster Tag: *«Und der Friede Christi walte in euren Herzen...» (Kolosser 3,15).*

Siebter Tag: «Auf grünen Auen läßt er mich lagern, zur Ruhstatt am Wasser führt er mich. Er stillt mein Verlangen» (Psalmen 23,2 und 3).

29. September

Um das Gefühl, es wachse Ihnen alles über den Kopf, zu bekämpfen, wenden Sie am besten die militärische Maxime an, die lautet: Die Streitkräfte konzentrieren und an dem Punkte angreifen, wo einem ein Durchbruch gelingen kann. Sitzen Sie nicht händeringend herum, weil Sie so viele Probleme und Schwierigkeiten bedrängen. Lesen Sie eines davon aus, zerlegen Sie es in leicht zu handhabende Einzelteile, und nehmen Sie sich ein Teil nach dem andern vor.

30. September

Im September kommen da, wo wir wohnen, die Stürme. Heftige Winde fegten wieder einmal über unser Landgut hinweg. Ich hörte etwas ächzen und stellte fest, daß es ein riesiger, hundertfünfzigjähriger Ahorn war. Aber er ächzte nicht; er lachte geradezu. Er genoß diesen Wind und freute sich unbändig darüber. *Womöglich stürzt er um,* dachte ich. «Hab keine Angst», schien er zu sagen, «ich bin vor dir dagewesen und werde noch dasein, wenn du es nicht mehr bist.» Gewiß, Bäume stürzen schon gelegentlich um, doch was geschieht dann? Ein kleiner Keimling geht auf, und ein neuer Baum wächst. Menschen sind von derselben Art. Sie sind unbesiegbar, wenn sie wissen, daß sie es sind. Aber sie müssen es wissen.

OKTOBER

1. Oktober

Angst ist das stärkste Denkmuster – bis auf eines: Glaube ist immer stärker als Angst. Wo Glaube ist, hat Angst keinen Stand. Glaube vernichtet Angst. Man kann Angst verdrängen, indem man seinen Geist mit Glauben füllt. Es ist eine unwiderlegbare, beweisbare Tatsache, daß der Mensch, der Glauben praktiziert, wahren Glauben an Gott, sich so hoch über die Angst erhebt, daß sie ihn nicht mehr zu berühren vermag.

2. Oktober

Wahre Vergebung enthält keine, aber auch gar keine Einschränkung. Man muß den ganzen Weg gehen, um Beziehungen wiederherzustellen. Wenn man sagt, «Ich vergebe dir das Unrecht, das du mir getan hast, aber ich werde es niemals vergessen können», so ist das nur bedingte Verzeihung. Um daraus wahre Vergebung zu machen, muß man auch vergessen können.

3. Oktober

Ein Geschäftsmann erzählte mir, er habe die Absicht, einen bestimmten Angestellten zu feuern, weil er langsam, schwerfällig und träge sei. «Statt ihn *aus* dem Geschäft *hinaus*zufeuern, warum nicht ihn *ins* Geschäft *hinein*feuern?» schlug ich vor. «Sie meinen, ich solle ihm Feuer unter dem Allerwertesten machen?» fragte er. «Nein», erwiderte ich, «Sie müssen ein Feuer *in* ihm entfachen. Regen Sie ihn an. Motivieren Sie ihn.» Der Arbeitgeber tat genau das, und jetzt sagt er von dem nämlichen Angestellten: «Der Mann ist mit Feuereifer dabei.»

4. Oktober

Die Bibel gibt uns einen wunderbaren Ausspruch, der in unserer weichlichen Zeit kaum je zitiert wird, zumindest nicht oft genug. In der handfesteren Zeit meiner Kindheit hörte ich ihn häufig: «... seid mannhaft, seid stark» (1. Korinther 16,13). Wir müssen einfach Willensstärke entwickeln, wenn die schwierigen Probleme des Lebens wirksam behandelt werden sollen. Jeder Mensch hat einen Willen. Ist er schwach, wird ihn Übung stärken. Stellen Sie sich Ihren Willen als «Muskel» des Geistes vor. Wie jeder Muskel wird er schlaff, wenn man ihn nicht trainiert. Durch wiederholten Gebrauch aber wird er kräftig und elastisch.

5. Oktober

Ein Tornado raste über eine Stadt im Südwesten der Vereinigten Staaten hinweg und richtete großen Schaden an. In dieser Stadt lag eine Mutter, durch Kinderlähmung von der Taille an abwärts gelähmt und ans Bett gefesselt. Auf dem Höhepunkt des Tornados geriet sie in Angst um ihre beiden kleinen Kinder im Nebenzimmer.

Niemand war da, der helfen konnte. Der Tornado fiel mit Wucht über das Haus her. Ihre Glieder galten als kraftlos, doch die Sorge um ihre Kinder war stärker als ihre Behinderung. Langsam erhob sie sich aus dem Bett und begab sich mit großer Mühe in den Nebenraum. Sie nahm ihre Kinder in die Arme und ging mit ihnen aus dem Hause. Liebe erwies sich als mächtiger als die Lähmung, von der sie sich, wie man ihr gesagt hatte, vielleicht nie erholen würde. Manche Menschen werden nicht in ihren Gliedern, sondern in ihren Gedanken gelähmt. Sie akzeptieren Einschränkungen, indem sie sagen: «Das ist alles, was ich tun kann.» Doch diese geringschätzende Selbstbewertung entspricht nicht der Wahrheit. Wir sind größer, als wir denken.

6. Oktober

Eine von Thomas Jeffersons Verhaltensregeln lautete: «Man muß die Dinge stets sanft anfassen.» Man muß eine Aufgabe oder eine Schwierigkeit oder ein zwischenmenschliches Problem mit einer Methode angehen, die auf den geringsten Widerstand stoßen wird. Je geringer der Widerstand, desto schneller kommt man vorwärts.

7. Oktober

Das Geheimnis eines erfolgreichen Lebens besteht darin, den Irrtum zu verringern und die Richtigkeit zu vergrößern. Der Irrtum in uns ist es, der uns so viele Fehler machen, so viele Dummheiten begehen, uns selbst in so große Schwierigkeiten bringen und so manches zu einem falschen Ergebnis führen läßt. Das Gegenteil von Irrtum ist Richtigkeit. Christus hat gesagt: «Ich bin der Weg und die Wahrheit und das Leben» (Johannes 14,6). Wenn wir Ihm folgen, so folgen wir der Wahrheit, der Richtigkeit. Je mehr Richtigkeit, desto weniger Irrtümer. So einfach ist das.

8. Oktober

Das Herz ist der Kern schöpferischer Tätigkeit. Entflammen Sie Ihr Herz mit dem, was Sie erreichen wollen, mit dem, was Sie werden wollen. Verankern Sie dieses Ziel so tief in Ihrem Unbewußten, daß Nein für Sie keine Antwort ist. Dann wird Ihre ganze Persönlichkeit, Ihre gesamte Mentalität dahin folgen, wo Ihr Herz hinführt. Sie werden erreichen, was Sie wollen, Sie werden werden, was Sie wollen.

9. Oktober

Von Belang ist nicht, daß wir Probleme haben. Das Wesentliche ist vielmehr unsere Einstellung Problemen gegenüber. In meinem Büro hängt eine kleine Tafel, auf der eine große Wahrheit geschrieben steht. «Die Einstellung zählt mehr als die Wirklichkeit.» Selbstverständlich kann man die Wirklichkeit nicht ignorieren, doch auf die Einstellung, mit der man an die Wirklichkeit herangeht, kommt es einzig und allein an.

10. Oktober

Vielleicht haben wir ein noch unerreichtes Ziel erreichen, vielleicht etwas sein wollen, das wir noch nicht zustande gebracht haben. Fassen wir den Entschluß, daß, noch ehe dieses Jahr zu Ende geht, unsere Ziele erreicht werden, unsere Träume in Erfüllung gehen. Dann werden wir für die kommenden Jahre neue Träume träumen und uns höhere Ziele stecken.

11. Oktober

Wie fängt man es an, ein glücklicher Mensch zu werden? Eine Methode besteht darin, sich in Gottes Rhythmus einzufügen. Die Himmelskörper haben ihren Rhythmus. Blutkreislauf, Herz und Organe haben ihren Rhythmus. Und Rhythmus ist eine Art Synonym für Harmonie, wie Harmonie eines für Freude ist. Wenn man demnach Freude verspürt, so befindet man sich im Rhythmus, und wenn man sich in Harmonie mit Gott befindet, so ist man ein glücklicher Mensch.

12. Oktober

Fünf Bibelworte können den Erfolg jedes Menschen oder jedes Unternehmens bestimmen: «Suchet, so werdet ihr finden» (Matthäus 7,7). Man suche ein Bedürfnis – die Welt hat viele. Man finde ein Bedürfnis, das man befriedigen kann, und man befindet sich auf dem Weg zum Erfolg im Leben.

13. Oktober

Ein Golfchampion erklärt: «Was einer denkt, während er Golf spielt, ist wahrscheinlich der wichtigste Bestandteil seines Spiels.» Er betont die Bedeutung der Konzentration und der geistigen Vergegenwärtigung dessen, was man erreichen will. Der Champion projiziert in seinem Geiste mit Vertrauen die genaue Flugbahn, die er dem Ball geben wird, damit dieser dort landet, wo er ihn haben will. Dieses Prinzip des Sich-Vergegenwärtigens funktioniert auch beim Festsetzen und Erreichen von Lebenszielen. Man muß genau wissen, wohin man gehen will. Und indem man sich dieses Ziel fest vergegenwärtigt, zwingt man es in einen Brennpunkt, und dann kann man es erreichen.

14. Oktober

Es ist gut, wenn wir unsere Zukunftsträume und den Drang, irgendwohin zu gehen, uns immer weiterlocken lassen. Als ich Berichterstatter bei einer Zeitung war, schrieb mein Redakteur einen Text, den ich jahrelang aufbewahrt habe:

> *Als vierzehnjähriger Junge faßte ich bei der Arbeit in meines Vaters Maisfeld einen Entschluß. Das Feld befand sich neben der Bahnlinie, die über eine Brücke führte. Ich nahm meine Mütze ab, trocknete mir die Stirn und blickte zum Schnellzug der Baltimore-und-Ohio-Bahn auf. Während der Zug vorbeiflitzte, sah ich, daß an jedem Fenster jemand saß, der irgendwohin fuhr. Ich war noch nirgendwo gewesen, doch in jenem Augenblick beschloß ich, daß ich mich eines Tages auf den Weg machen würde. Seit da bin ich stets unterwegs gewesen, doch gibt es noch immer so viele Orte aufzusuchen, so viele interessante Dinge zu sehen und zu tun. Der Zug entschwand um die Kurve. Doch die Jungenträume jenes Tages, als die Dämmerung hereinbrach, sind die Träume, die ich auch heute noch habe. Die Zukunft winkt mit derselben geheimnisvollen Verlockung. So war es im Maisfeld; so ist es heute.*

15. Oktober

Einer jungen Frau gelang es, ihr Körpergewicht drastisch zu reduzieren; dies ist, was sie tat: Sie stellte sich genau das Gewicht vor, das sie bis zu einem gewissen

Alter erreichen wollte. Bei jeder Versuchung schätzte sie ab, wie lange sie brauchen würde, um die süßen, klebrigen Desserts und Schokoladen oder andere reiche Speisen zu essen. Dann dachte sie sich, wie froh sie nach den paar Minuten sein würde, daß sie davon nicht gegessen hatte. Zum ersten Mal empfand sie die Genugtuung der Selbstbeherrschung. Vor dem Einschlafen ging sie im Geiste noch einmal ihre Versuchungen durch und zählte all die dick machenden Sachen auf, die sie nicht gegessen hatte. Voller Ungeduld freute sie sich schon darauf, ihren Rekord am folgenden Tage zu überbieten. Sie erreichte ihr Zielgewicht. Und sie hielt es auch.

16. Oktober

Ich hege nicht den geringsten Zweifel an der Richtigkeit der Unsterblichkeit. Ich glaube unbedingt daran, daß man nach dem Tode seinen Lieben wieder begegnet, sie wiedererkennt und mit ihnen wiedervereint wird, um nie wieder von ihnen getrennt zu sein. Ich glaube daran, daß die Persönlichkeitsidentität in jener höheren Lebenssphäre weiterbesteht, in der es kein Leiden und keinen Kummer gibt, wie wir sie hier im physischen Sinne kennen. Ich hoffe, daß es Anstrengung geben wird, denn Anstrengung ist gut. Ganz bestimmt wird es eine fortschreitende Entwicklung geben, denn ein Leben ohne Aufwärtsstreben von Geist und Seele wäre unbeschreiblich stumpf. In den Lehren Christi bezieht sich der Tod nicht auf den Körper, sondern vielmehr auf die Seele: «Die Seele, die sündigt, die soll sterben!» (Ezechiel 18,20). Die Seele aber, die in Gott ist, wird ewig leben.

17. Oktober

Ein Mensch braucht niemals ein langweiliges, uninteressantes und glanzloses Leben zu leben. Wenn einer das tut, dann ist es, weil er sein Leben einfach so hat werden lassen. Niemand braucht in Enttäuschung und Niedergeschlagenheit zu leben oder sich selbst alt, verbraucht und müde werden zu lassen. Jedermann hat die Gelegenheit, Geist und Herz weit aufzumachen und ein Leben zu leben, das dynamisch und erfüllt ist. Ein positiv Denkender zu werden wird einem helfen, den Tag zu einem guten Tag zu machen.

18. Oktober

Ich fuhr im Wagen eines Mannes mit, der am Armaturenbrett folgendes Gebet kleben hatte:

Lieber Gott, dies ist Dein Wagen. Ergreife Du zusammen mit mir das Steuer, und geleite mich durch verkehrsreiche Straßen und Autobahnen. Schütze diesen Wagen vor Gefahr und Unfall. Gib uns eine sichere, angenehme Fahrt. Bewahre mich davor, mich über andere Fahrer zu ärgern. Hilf mir, höf-

lich zu sein und die Verkehrsregeln zu beachten. Laß Autofahren für mich angenehm statt anstrengend sein. Amen.

19. Oktober

Eine der größten Gaben dieser Welt ist eine gesunde Gesinnung. Wer sie besitzt, ist wahrhaftig ein glücklicher Mensch. Eine gesunde Gesinnung haben heißt ein normaler, ausgeglichener, wohlorganisierter, ganzer Mensch sein. Eine gesunde Gesinnung bedeutet einen von inneren Konflikten und obsessiven Reaktionen freien Geist. Die emotionale Seite der menschlichen Natur wird vom Verstand oder vom Geiste beherrscht. Wenn man eine solche gesunde Gesinnung erreicht, ist man frei von abnormaler Angst, frei von Haß; man wird nicht von Ressentiments angetrieben; man ist frei von Uebellaunigkeit, Trübsinn und Schwermütigkeit. Und ein solcher Zustand bewirkt ein Leben, das jeden Tag gut ist.

20. Oktober

Ein rechtschaffener Mann, der immer mit Gott durchs Leben geschritten war, lag im Sterben. In seinem Zimmer brannte Licht. Plötzlich ging ein Ausdruck der Ueberraschung über das Gesicht des Sterbenden. «Löscht das Licht, die Sonne scheint», sagte er – und war nicht mehr. Offenbar ist es stets hell und schön dort drüben. Doch es kann auch hier so sein, wenn wir es uns so denken.

21. Oktober

Er lebt heute genauso wie vor langer Zeit. Er lebt nicht nur, wie etwa Cäsar, Napoleon und Lincoln leben – als Erinnerungen an bedeutende Menschen. Jesus ist nicht eine Erinnerung. Er ist ein wirklicher, gegenwärtiger, erreichbarer Mensch. Er ist der lebende Christus, der die Macht hat, in das Leben der Menschen zu treten und sie zu ändern und aufzurichten. Tagtäglich ist der lebendige Herr Jesus Christus unter uns am Werk.

22. Oktober

Hier ein Gebet zum Tagesanfang; es kann einem helfen, den Tag zu einem guten Tag zu machen:

Herr, ich danke Dir für den erholsamen Schlaf, den Du mir in Deiner Gnade geschenkt hast. Ich bin dankbar für die neue Energie und den neuen Enthusiasmus. Ich nehme diesen neuen Tag als wunderbare Chance an. Möge ich ihn Minute um Minute nutzen, um Deinem Willen zu gehorchen. Führe mich in jedem Problem, in jeder Entscheidung, die ich am heutigen Tag fällen werde. Hilf mir, jedermann freundlich zu begegnen und in allem fair, gerecht und rücksichtsvoll zu sein. Und wenn ich Dich im Verlaufe dieses Tages vergessen sollte, so bitte ich Dich, o Herr, mich nicht zu vergessen. Amen.

23. Oktober

Ein Grundzug jedes Menschen ist das Verlangen nach Anerkennung. Man kann glücklich werden, wenn man in anderen Menschen das Beste sucht, und das wird dazu beitragen, das Beste aus ihnen herauszubringen. Und es ist auch von Nutzen, wenn wir von allem und jedermann das Bestmögliche denken. Glauben an die Menschen und eine positive Einstellung können jene enormen Kräfte freilegen, die jedem innewohnen.

24. Oktober

Ich trete unaufhörlich dafür ein, daß Sie ein wahrer Optimist, seelisch «hartgesotten» und ein wahrhaft Gläubiger seien. Kein zweifelnder Mensch kann Optimist sein, ist doch ein Optimist ein Mensch, der an den guten Ausgang der Dinge glaubt, auch wenn er ihn noch nicht sehen kann. Das ist auch die Definition der Bibel von *Glauben*: «eine Zuversicht auf das, was man hofft, eine Überzeugung von Dingen, die man nicht sieht». Der wahrhaft Gläubige ist demnach ein Mensch, der an das Bessere glaubt, wenn es noch keinerlei Anzeichen zur Bekräftigung seiner Erwartung gibt. Er ist einer, der an seine eigene Zukunft glaubt, auch wenn er keine großen Möglichkeiten darin sehen kann.

25. Oktober

Begeistern Sie sich für Ihre Arbeit, und Ihre Arbeit wird Sie begeistern. Jegliche Beschäftigung vermag zu begeistern, wenn man selbst Begeisterung in sich trägt. Wie man zu dieser Begeisterung findet? Ein berühmter französischer Schriftsteller hat diese Frage folgendermaßen beantwortet: «Glaube ist eine Begeisterung; es ist ein Zustand geistigen Glanzes, den wir wie einen Schatz hüten müssen.»

26. Oktober

Dies sind fünf einfache, brauchbare Regeln, um Unzulänglichkeitsgefühle zu überwinden und um an sich selbst glauben zu lernen:

1. *Machen Sie sich ein klares Bild von sich als einem erfolgreichen Menschen, und prägen Sie es unauslöschlich Ihrem Geiste ein. Halten Sie eisern an diesem Bild fest. Lassen Sie niemals zu, daß es verblaßt. Ihr Geist wird danach trachten, dieses Bild zur Tatsache zu entwikkeln. Denken Sie nie, Sie könnten versagen; bezweifeln Sie nie die Realität des geistigen Bildes.*

2. *Wann immer sich ein negativer Gedanke über Ihre Fähigkeiten einstellt, sprechen Sie überlegt einen positiven Gedanken aus, um damit den negativen aufzuheben.*
3. *Bauen Sie in Ihrer Einbildung keine Hindernisse auf. Schätzen Sie jedes sogenannte Hindernis gering. Messen Sie ihm möglichst wenig Bedeutung bei. Mit Schwierigkeiten muß man sich wohl befassen, und man muß mit ihnen auf effiziente Weise fertig werden, aber man muß sie auch nur als das sehen, was sie sind. Sie dürfen nicht durch Angstgedanken aufgeblasen werden.*
4. *Lassen Sie sich nicht zu sehr von anderen Leuten beeindrucken, und versuchen Sie nicht, andere nachzuahmen. Niemand kann so wirksam Sie sein, wie Sie selbst es können.*
5. *Wiederholen Sie jeden Tag zehnmal die Worte: «Ist Gott für mich, wer mag wider mich sein?» (vgl. Römer 8,31).*

27. Oktober

Die Erfahrung bestätigt die These, daß die Dinge falsch herauskommen, weil wir falsch denken. Suchen wir mit Entschiedenheit zu verstehen, worin wir falsch denken, und bringen wir Aenderungen an, so befinden wir uns auf dem Wege zum Bessern. «Die meisten Schatten dieses Lebens rühren daher, daß wir uns selbst in der Sonne stehen», hat Ralph Waldo Emerson* gesagt.

* *Ralph Waldo Emerson*, 1803–1882; amerikanischer Essayist, Philosoph und Dichter. Anm. d. Übers.

Wenn wir beginnen, die Haltung zu ändern, welche die Schatten warf und bewirkte, daß die Dinge falsch herauskamen, dann werden die Dinge künftig richtig herauskommen. Ein veränderter Mensch verändert Situationen und Verhältnisse.

28. Oktober

Wir sind fortwährend im Begriffe, unser Ich aufzubauen oder niederzureißen. Über die Jahre hinweg trägt jeder Gedanke, jedes Gefühl, jede Erfahrung zum Wesen des Ich bei. Ungeachtet dessen, wie alt oder wie gesetzt wir werden, ist das Ich in Entwicklung begriffen. Alles und jedes trägt zu seiner Größe oder Kleinheit, zu seinem Stillstand oder Wachstum bei. Welches wird *Ihr* Beitrag am heutigen Tage sein?

29. Oktober

Wenn wir ein Gefühl der Unbesiegbarkeit erreichen, sind wir stets zuversichtlich und in gehobener Stimmung. Wir verlieren Lebensmut und -freude, wenn wir uns von den Umständen und den Verhältnissen überwältigen, in Ratlosigkeit versetzen und lahmlegen lassen. Ein entscheidendes Geheimnis des Erfolges besteht darin, sich selbst fest in Glauben und positivem Denken zu verankern. Dann kann uns nichts, aber auch gar nichts besiegen. Wir werden Unbezwingbarkeit erreicht haben.

30. Oktober

Von entscheidender Bedeutung für ein schöpferisches Leben ist es, Schmerz und Schwierigkeiten als Herausforderung anzunehmen. Gott, der dieses Universum erschaffen hat, gibt uns Schwierigkeiten zu unserm eigenen Nutzen. Er will etwas aus uns machen, und Menschen werden in milden, zufälligen Verhältnissen nicht stark. Wenn der Mensch kämpfen muß, wird seine Persönlichkeit gestählt.

31. Oktober

Praktizieren Sie je erinnerten Frieden? Ich denke an einen mir besonders teuren Ort in der Schweiz und erinnere mich, wie zur Abendstunde die verschneiten Berggipfel ihre Farbe von leuchtendem Gold zu geheimnisvollem Violett ändern, um dann ins Dunkel zu tauchen. Ich denke an eine Nacht auf dem Chinesischen Meer, als Nebelschleier, die das Antlitz des Mondes verhüllten, von einem sanften Wind zur Seite geweht wurden und lange, silberne Strahlen des Mondlichts auf das klare Wasser fielen. Ich denke an eine Nacht in Srinagar im Tal von Kaschmir, als der Klang singender Bootsleute über den See scholl, auf dessen Oberfläche Wasserlilien schwammen. Als einmal in der Praxis meines Arztes mein Puls und mein Blutdruck gemessen wurden, meinte mein Arzt: «Ausgezeichnet! Sie haben gelernt, ruhig zu leben.» Da erklärte ich ihm meine Methode, mich an schöne Augenblicke zu erinnern, um damit innere Ruhe zu finden. Er nickte. «Das ist der Gesundheit sehr zuträglich.»

NOVEMBER

1. November

Sie und ich werden in zehn Jahren vorwiegend so sein, wie wir während dieser Zeitspanne denken. Man kann sich in Mißerfolg und Unglücklichsein hineindenken, oder aber man kann sich seinen Weg zu Erfolg und wahrem Glück denken. Man sollte seine Gedanken von Zeit zu Zeit gründlich überholen. Denken Sie sich heute gute Tage, und Sie werden Sie auch morgen haben.

2. November

Ein hypernervöser Mann sagte einmal zu mir im Zusammenhang mit New York: «Schon die Luft dieser Stadt ist mit Anspannung geladen.» «Nicht doch», widersprach ich. «Wenn Sie einem Labor eine Probe dieser Luft zur Untersuchung brächten, würden Sie keine Spur von Anspannung in dieser Luft finden. Die Anspannung steckt nämlich in den Menschen, welche die Luft einatmen.»

3. November

Ein Mann hat sich folgende Regeln aufgestellt, um im Leben Erfolg zu haben:

1. *Übe jeden Tag die Bekräftigung von Gottes Gegenwart.*
2. *Bete für diejenigen, mit denen du zusammenarbeitest und mit denen du zu tun hast.*

3. *Stelle dir Erfolg nicht nur für dich selbst, sondern auch für deine Konkurrenten vor.*
4. *Bemühe dich, in Glauben zu leben.*

4. November

Ein Manager der Baubranche hatte für sich und seine Leute folgenden Leitsatz: «Wenn die Arbeit zäh wird, werde gleich zäh wie die Arbeit. Wenn der Felsen hart wird, werde gleich hart wie der Felsen.» Das Leben kann hart, wirklich hart sein. Doch Gott hat der menschlichen Natur etwas eingebaut, das noch härter ist. Nutzen Sie es!

5. November

Nehmen Sie sich im Verlaufe des Tages ganz kleine Ferien. Lehnen Sie sich im Bürostuhl zurück. Schließen Sie die Augen, und gehen Sie in Gedanken weg an einen Ort, der Ihnen viel bedeutet, wo Sie vielleicht gern fischen oder schwimmen. Den Geist weggehen lassen – und sei es nur für einen Augenblick – stärkt den Körper mit einem Zustrom neuer Energie.

6. November

Ein erfolgreicher Geschäftsmann erzählte mir, was für ihn den Umschwung bedeutet hatte, als es ihm schlecht ging. Es war das Bild eines Schiffs gewesen, das bei Ebbe auf dem Sand festsaß. Der Titel jenes Bildes lautete *Die Flut kommt immer zurück.* Akzeptieren Sie niemals Mißerfolg. Denken Sie nie auch nur *Ich kann nicht.* Sagen Sie sich statt dessen: «Die Flut kommt immer zurück.» Sie wird zurückkommen, wenn Sie wollen, daß sie es tut.

7. November

Als Kind hatte ich einen unbeschreiblichen Minderwertigkeitskomplex, und ich litt über alle Maßen darunter. Ich hegte dauernd negative Gedanken über mich selbst wie: «Ich tauge nichts. Ich bin nicht sehr gescheit, und ich habe keine Fähigkeiten.» Nach einer gewissen Zeit wurde ich gewahr, daß andere meine Meinung teilten. Sie werden das immer tun, denn die Leute messen uns unbewußt an unserer eigenen Selbsteinschätzung.

8. November

Die Welt bietet soviel Freude und Vergnügen. Es ist aber ein Jammer, wie wenig davon manche Leute finden. Tausende leben freudlos dahin – trotz des vorhandenen Reichtums an Möglichkeiten, Vergnügen zu finden. Sie schuften und entwickeln eine Menge Neurosen und Spannungen. Arbeit ist etwas Gutes, doch wenn sie mit Vergnügen verbunden ist, ist sie noch viel besser.

Leben Sie nicht an den schönen Seiten des Lebens vorbei! Ergötzen Sie sich an den Freuden, die ein gütiger Gott dieser Welt gegeben hat!

9. November

Wie man sich entspannt? Sprechen Sie langsam und ruhig und indem Sie die Melodie eines jeden hervorheben eine Reihe von Wörtern aus, die Ruhe und Frieden ausdrücken, wie beispielsweise Stille, Gelassenheit, Ruhe, Gleichmut, Frieden. Sagen Sie das Folgende: es besitzt eine erstaunliche Macht, den Geist zu beruhigen und den Körper zu entspannen: «Bewährten Sinn bewahrst du in Frieden . . .» (Jesaja 26,3). Wiederholen Sie das mehrere Male im Verlaufe des Tages, und Sie werden sich entspannen.

10. November

Ein Verkäufer hatte Schwierigkeiten, Verkäufe abzuschließen. Er hatte stets Angst, pfiff immerzu in der Dunkelheit. Da lehrte ihn ein älterer Verkäufer ein aus drei Sätzen bestehendes Gebet. Das Ergebnis war wunderbar, und seine Umsatzprovision stieg stetig. So lautete sein Gebet: «Ich glaube daran, daß ich immer von Gott geführt werde. Ich glaube daran, daß ich immer auf den richtigen Weg geleitet werde. Ich glaube daran, daß Gott immer einen Weg schafft, wo es keinen gibt.»

11. November

Eine wichtige Frage für jeden Menschen ist folgende: Was tue ich mit meinem Ich? Mache ich mich selbst groß, um dem Fähigkeitspotential in mir zu entsprechen? Oder akzeptiere ich Kleinheit als das einzige, wozu ich fähig bin? Sich selbst für kleiner zu halten, als man ist, kommt einem Verstoß gegen die eigene wahre Natur gleich. Denken Sie groß!

12. November

Ländliche Weisheit: Auf dem Bahnsteig einer Kleinstadt sahen vor Jahren zwei Männer und ein Hund zu, wie der Schnellzug vorbeiraste. Der Hund jagte hinterher – und rannte und bellte noch, als bereits der letzte Wagen in der Ferne entschwand. «Närrischer Hund! Glaubt er, er könne den Schnellzug fangen?» platzte der Bahnhofvorstand heraus. Nach einer Pause des Nachdenkens bemerkte sein Freund: «Und wenn er es könnte, was würde er damit machen?»

13. November

Wenn man mit anderen auskommen will, gilt es, bestimmte Regeln zu befolgen:

1. *Man kenne die Namen all derer, mit denen man verkehrt, und rede sie auch mit Namen an.*

2. *Man zolle bereitwillig Anerkennung.*
3. *Wenn es nötig ist zu kritisieren, so übe man stets konstruktive Kritik.*
4. *Man übe Selbstbeherrschung.*
5. *Man sei stets hilfsbereit.*
6. *Man gebe bereitwillig seine eigenen Fehler zu und zögere nie zu sagen: «Es tut mir leid.»*
7. *Man zeige echtes Interesse für den Betrieb, bei dem man angestellt ist.*
8. *Man suche keinen Beifall für Vollbrachtes, sondern spreche jemand anderm die Anerkennung aus, die man ihm oder ihr schuldet.*
9. *Man nehme an, daß andere einen mögen.*
10. *Man versuche, andere zu achten und zu mögen, wie man möchte, daß sie einen achten und mögen.*

14. November

Ein altes orientalisches Sprichwort lautet: «Worüber man nachdenkt, das wächst.» Mit der Zeit werden Sie so, wie Sie denken, daß Sie es seien. Schätzen Sie sich selbst höher ein. Bekräftigen Sie, daß Sie größere Möglichkeiten haben, als sich bislang gezeigt haben. Schränken Sie sich nicht selbst ein – nicht einmal in Ihren geheimen Gedanken. Sehen Sie sich selbst stets größer, als Sie je gewesen sind.

15. November

Möchten Sie das Rauchen oder sonst eine Gewohnheit aufgeben? Das Verlangen zu rauchen ist im wesentlichen eine Sache des Denkens, zu der sich ein nervöser Trieb, etwas mit den Händen zu tun, gesellt. Hinzu kommt der kindliche Hang, etwas in den Mund zu stekken. Um etwas aufzugeben, beschließen Sie, es tatsächlich aufgeben zu wollen. Der dringende Wunsch ist immer eine grundlegende Voraussetzung, um etwas zu erreichen oder aufzugeben. Beschließen Sie sodann, daß Sie es tatsächlich aufgeben werden. Stellen Sie sich zu guter Letzt sich selbst von der Gewohnheit befreit vor. Halten Sie an diesem Bild eisern fest, bis Ihr Unterbewußtsein es aufgenommen hat. Versuchen Sie nicht, nach und nach aufzuhören; hören Sie endgültig auf. Bitten Sie Gott, Ihnen zu helfen, und glauben Sie daran, daß Er es tun wird. Der Wunsch besteht in erster Linie in Ihrem Denken – hegen Sie Erfolgsgedanken und -bilder. Um der nervösen Bewegung der Hände beizukommen, lernen Sie Muskelanspannung beherrschen. Glauben Sie daran, daß Sie es können – und Sie werden es können.

16. November

Zitieren Sie die folgenden vier Aussprüche, wenn Sie angespannt und nervös sind:

Von Konfuzius: *«Der Weg eines überlegenen Menschen ist ein dreifacher: tugendhaft, daher frei von Besorgnis; weise, daher frei von Verwirrung; mutig, daher frei von Furcht.»*

Von Robert Louis Stevenson: *«Sitze locker im Sattel des Lebens.»*

Von der Heiligen Theresia, einer Mystikerin des 16. Jahrhunderts: *«Laß dich durch nichts beunruhigen; laß dich durch nichts ängstigen. Alles vergeht außer Gott; Gott allein genügt.»*

Aus Jesaja: *«... in Stillehalten und Vertrauen besteht eure Stärke» (Jesaja 30,15).*

17. November

Das Wort *Ressentiment* bedeutet das Wiederfühlen, das Wiedererleben eines Gefühls. Jemand tut uns unrecht oder verletzt uns; wir hegen deshalb ein Ressentiment, das heißt, wir erleben die Verletzung immer wieder. Und dabei verletzen wir uns selbst wieder. Der hebräische Talmud sagt, daß ein Mensch, der einen Groll hege, «wie jemand ist, der sich beim Hantieren mit einem Messer in die eine Hand geschnitten hat und sich dafür rächt, indem er sich die andere Hand durchsticht». Am besten läßt sich dieses selbstzugefügte Leid vermeiden, wenn man «seelisches Jod» aufträgt, sobald einen jemand verletzt. Man muß sein Ressentiment unverzüglich heilen, bevor es zu eitern beginnt.

18. November

Je mehr wir Geisteskraft gegen scheinbar unüberwindbare Schwierigkeiten einsetzen und den Augenblikken der Einsicht folgen, die sich aus wirklichem Denken ergeben, desto unfehlbarer ist unsere Leistung. Denken gibt einem den Wagemut, das Ungewöhnliche zu tun, wenn es eine Situation erfordert: eine Bereitschaft, sein Denken zu ändern, wenn Probleme eine andere Wendung nehmen, als man erwartete.

19. November

Probleme sind ein normaler und wesentlicher Teil des gesamten Lebens. Kraft entfaltet sich daraus, daß man ihnen entgegentritt, sie durchdenkt und sie meistert. Indem man Probleme in einer positiven Geistesverfassung angeht, vermag man aus ihnen immer Gutes zu gewinnen, wie schwierig sie auch sein mögen.

20. November

Mögen sich die Umstände auch noch so verdüstern – jemand ist immer bei uns: nämlich Gott. Er hilft uns dadurch, daß Er uns Frieden und eine positive Geisteshaltung verleiht. Damit können wir mit wirklich schöpferischem Denken beginnen, und als Folge davon werden wir in der Lage sein, einen zuversichtlichen statt einen negativen Standpunkt einzunehmen. Solch dynamisches Denken wird bewirken, daß sich die Umstände zu unseren Gunsten wenden, und mit einem Mal werden wir feststellen, daß wir die Schwierigkeiten in den Griff bekommen.

21. November

Danksagung ist zugleich Ausdruck der Dankbarkeit für empfangene Wohltaten und Antrieb zu künftigem Gutem. Dankbarkeit regt einen andauernden Zustrom von Wohltaten an. Wenn es in unserm Leben einen Mangel an Wohltaten gibt, so mag das seinen Grund darin haben, daß wir unsere Dankbarkeit zu wenig ausdrükken. Eine dankbare Haltung ist von Wichtigkeit, wenn man Ganzheit im Leben erlangen will. Nur wenn wir die vielen Wohltaten, die wir empfangen, aufzählen, können wir die gütige Freigebigkeit Gottes ganz wahrnehmen.

22. November

Es gibt ein Ding, das Sie niemals tun dürfen: Sie dürfen niemals in Ihrem ganzen Leben aufhören, an sich selbst zu glauben! Sie sind von Gott, dem Schöpfer, erschaffen worden, und Er hat nie etwas Schlechtes gemacht. Als Er Sie erschuf, machte Er Sie gut, sehr gut. Und darum haben Sie ein Recht, von sich eine hohe

Meinung zu haben. Gute, gesunde Selbstachtung ist normal und richtig. Machen Sie sich deshalb den heutigen Tag zu einem guten Tag und Ihr Leben zu einem schönen Leben.

23. November

Angst lauert im Schatten und gedeiht im Dunkeln. Ein im Glauben getrübter Geist ist ein Nährboden für erschreckende Ängste. Wenn aber der Geist mit der Gegenwart Gottes erfüllt wird, so wird er unwillkürlich auch mit Licht erfüllt. Es folgt kluges Denken, und die Ängste werden vertrieben. «Der Herr ist mein Licht... vor wem sollte ich mich fürchten?» (Psalmen 27,1).

24. November

Um seelisch gesund zu sein und ein erfolgreiches Leben zu haben, muß sich jeder Mensch von Fehlern und Mißerfolgen der Vergangenheit lösen und vorwärts schreiten, ohne sich damit zu belasten. Brüten Sie nicht über dem «Wenn»; denken Sie vielmehr über das «Wie» nach. Vergessen ist unabdingbar für eine erfolgreiche Zukunft. Machen Sie es sich zur Gewohnheit, jeden Abend, wenn Sie sich schlafen legen, sämtliche Fehler und Mißerfolge in die Vergangenheit fallen zu lassen. Sie sind vorbei, abgeschlossen. Blicken Sie vertrauensvoll in die Zukunft. Schlafen Sie ein in Frieden. Gott gibt Ihnen jeden Morgen neue Chancen.

25. November

Dies ist ein Gebet, das uns verzeihen hilft:

Herr, Du sagst uns, wir sollten unseren Feinden vergeben. Das will ich tun – oder will ich es wirklich? Doch, Herr, ich weiß nicht, wie ich vergeben soll – oder vielleicht habe ich die innere Kraft dazu nicht?
Befreie mich von Groll. Hilf mir vergeben zu wollen.
Erfülle meinen Geist mit großmütigen Gedanken. Mach mich größer, als ich bisher gehandelt habe. Laß mich die Freude der Vegebung und Versöhnung erfahren. In der Bibel steht: «Denn wenn ihr den Menschen ihre Verfehlungen vergebt, wird euer himmlischer Vater euch auch vergeben» (Matthäus 6,14). Darum bitte ich Dich, nimm mir meinen Feind ab. Und ich danke Dir dafür, daß ich es über mich bringe zu sagen: «Sei gut zu ihm oder ihr.» Amen.

26. November

Viele Faktoren bestimmen den Weg, den wir gehen, wie wir ihn gehen und wohin wir es im Leben bringen. Eines aber ist gewiß: Wenn wir vergessen, was hinter uns ist, wie uns die Bibel lehrt, und uns ausstrecken nach dem, was vor uns ist, jagend, «das Ziel im Auge, nach dem Kampfpreis der Berufung nach oben durch Gott in Christus Jesus» (Philipper 3,14), so haben wir eine Zukunft, die von Erfolg und Freude erfüllt sein wird.

27. November

Die Bibel lehrt uns, daß die Sünden der Väter auf die nachfolgenden Generationen kommen. Auch die Tugenden der Väter können weitergegeben werden. Ist ein Vater ein ehrlicher, rechtschaffener Mann und stellt er irgendeine Art angemessener Beziehung zu seinen Söhnen und Töchtern her, so wird es für diese Kinder äußerst schwierig sein, vom Weg abzukommen oder, wenn sie davon abkommen, nicht wieder darauf zurückzukommen. Der Drang nachzuahmen und nachzueifern ist zu stark.

28. November

Gebet eines geplagten Elternteils:

Lieber Gott, ich liebe meine Kinder, aber sie bringen mich zur Raserei. Ich habe meine Selbstbeherrschung verloren. Ich brauche Hilfe. Ich bin mir bewußt, lieber Gott, daß ich sie in ihrem jungen Leben nie leiten kann, wenn ich den Kopf verliere. Hilf mir, nicht böse zu werden und die Kin-

der nicht anzuschreien. Gib mir Humor. Hilf mir erkennen, daß ihre ruhelose Energie ein Zeichen von Vitalität und ein Teil ihrer Entwicklung ist. Laß mich nicht müde und ungehalten sein, sondern mein Verhältnis zu ihnen mit Freude erfüllen. Ich danke dir für meine Kinder, Herr, aber laß mich sie nicht als Last empfinden. Amen.

29. November

Mein Bruder Bob und ich pflegten uns ab und zu zu raufen, doch wehe, wenn ein anderer einen von uns angriff – sogleich hatte er mit beiden zu kämpfen. Wir sind unser ganzes Leben lang unzertrennlich gewesen. Unsere Kämpfe hörten vor langer Zeit auf. Unsere Liebe dauert ein Leben lang – und darüber hinaus. Die Liebe unter Geschwistern ist ein Geschenk, für das wir dankbar sein sollten.

30. November

In gewissem Sinne wird unser persönliches Leben geprägt vom Wettstreit zwischen Irrtum und Richtigkeit. Wenn Irrtum uns beherrscht, begehen wir Dummheiten und verbringen viel Zeit damit, sie zu bereuen. Wenn wir uns aber von Richtigkeit leiten lassen, sind wir auf dem richtigen Weg und meistern die Probleme des Lebens.

DEZEMBER

1. Dezember

Das Wort *entsagen* spielt in der Selbstbeherrschung eine entscheidende Rolle. Es kann das Bindeglied sein zu Erfolg oder Mißerfolg. Lehnen Sie Süßigkeiten ab, schöpfen Sie kein zweites Mal, kaufen Sie das Kleid nicht, drücken Sie sich nicht – wo werden *Sie* beginnen, sich selbst nein zu sagen? Betrachten Sie es nicht als Entscheid *gegen* irgendeine Art Vergnügen, sondern als Entscheid *für* ein angestrebtes Ziel in Ihrem Leben. Das macht es zu einem positiven statt zu einem negativen Schritt. Das bedeutet nicht die Freuden des Lebens schmälern; es bedeutet im Gegenteil das Leben mit Freude erfüllen. Je mehr wir aufgeben, um uns auf ein wichtiges Ziel zu konzentrieren, desto stärker werden wir. Selbstentsagung in der Gegenwart, um größeren Nutzen in der Zukunft zu erringen, ist das Kennzeichen eines vernünftigen Menschen.

2. Dezember

Meine Frau Ruth nahm an einem Nachtessen teil, das von einer Kirche im Westen der Vereinigten Staaten veranstaltet worden war. Dabei saß sie einem Farmer gegenüber. Seine Hände und sein von Wind und Wetter gezeichnetes Gesicht verrieten, wie schwer er gearbeitet hatte. Sie fragte ihn: «Wie ist die Ernte heuer?» «Gnädige Frau», entgegnete er, «wir hatten eine lange Dürre, und dann kamen die Heuschrecken. Ich habe neunzig

Prozent meiner Ernte verloren. Doch mein Bruder hat die ganze verloren.» Entsetzt fragte Ruth: «Was hat Ihr Bruder da getan?» Ruhig erwiderte er: «Wir bemühten uns, es zu vergessen.» Das nächste Jahr bringt einen neuen Anfang.

3. Dezember

Während der Zeit der Taifune fragte ich auf einem Flug im Fernen Osten den Piloten, wie er mit diesen heftigen Winden fertig werde. «Ach», meinte er, «ich mache Taifune zu Rückenwinden!» Im Leben gibt es vielerlei Lasten; manche scheinen so groß wie Taifune. Mit Glauben an Gott und indem wir den Geist nutzen, den Er uns gegeben hat, können wir die Gesetze lernen, die Mühsal beherrschen. Dann können wir Schwierigkeiten in Chancen umwandeln und sie als Rückenwind auf unserm Weg zum Erfolg nutzen.

4. Dezember

Wie können Sie sich Zugang zu einer höheren Macht verschaffen? Üben Sie sich darin, mit Gott zu leben. Leben Sie jeden Tag mit Ihm. Seien Sie mit Jesus Christus zusammen. Sprechen Sie mit Ihm. Führen Sie Gespräche mit Ihm wie mit einem Freund. Beten Sie zu Ihm. Denken Sie über Ihn nach. Tun Sie nichts, wie klein oder unbedeutend es auch sein mag, ohne Ihn darein einzubeziehen. Je mehr Sie dies tun, desto mehr werden Sie mit göttlichen Kräften gleichsetzen, und der Kraftstrom, der von diesen zu Ihnen fließt, wird sich verstärken.

5. Dezember

Wenn man allzusehr auf seinen Fehlern verharrt, kann man in ein Fehlergleis geraten. Fehler können Lehrer sein – aber sie können auch Hemmschuhe sein, die das Denken blockieren und einen in einen Zustand versetzen, in dem man dieselben Fehler wieder macht. Allzu leicht läßt man die Fehler von gestern das Heute zunichte machen. Erziehen Sie Ihren Geist dazu, aus Ihren Erfolgen zu lernen.

6. Dezember

Zu jedem Zeitpunkt unseres Lebens stehen wir auf einer Art moralischer Leiter. Es gibt Sprossen über uns und solche unter uns. Wir können hinaufsteigen oder hinuntersteigen. Wir können aber auch ganz einfach stehenbleiben, was am einfachsten ist, weil es keiner Anstrengung bedarf und kein Risiko in sich birgt. Wenn wir uns aber entfalten wollen, so müssen wir uns entschließen, auf der moralischen Leiter eine Sprosse höher zu steigen und dann noch eine und noch eine.

7. Dezember

Ich kenne einen Mann, der Richtigkeit oder Unrichtigkeit einer Tat, die er sich vorgenommen hat, folgendermaßen prüft: Er stellt sich vor, daß das, was er tun wird, in fetten schwarzen Schlagzeilen in der morgigen Zeitung steht. Wenn bei dem Gedanken daran etwas in ihm zurückzuckt, sagt er sich, daß es wohl klüger sei, das Vorhaben fallenzulassen.

8. Dezember

Lachen Sie nie über jemanden, der einen fieberhaften Eifer für oder gegen etwas an den Tag legt. Ein einzelner mit starker, tätiger Entschlossenheit vermag erstaunliche Kräfte anzuregen, die schließlich vorherrschen können, selbst wenn eine große Mehrheit nicht damit übereinstimmt. Eine große schlafende Mehrheit kann von ein paar wenigen, die von positiver Überzeugung oder negativem Destruktionstrieb erfüllt sind, umhergestoßen werden. Beides sind machtvolle Antriebskräfte. Zum Glück sind positive Überzeugungen machtvoller als negative.

9. Dezember

In schwierigen Zeiten bedürfen wir nicht nur des Trostes und des Mitgefühls; wir brauchen auch Kraft, um den Schwierigkeiten entgegenzutreten und sie zu meistern. Wir können beides haben. Denken wir daran, daß Gott bei uns ist, daß Er uns niemals im Stiche läßt, daß wir auf Ihn zählen können. Sagen wir: «Gott ist bei mir und hilft mir» und «Gott ist unsere Zuflucht und unsere Stärke, eine sehr gegenwärtige Hilfe in schwieriger Zeit.» Dies gibt uns ein Gefühl des Trostes. Neue Hoffnung wird unsere Seele erfüllen. Gefühlsmäßige Reaktionen werden vernunftmäßigem Denken weichen. Neue Ideen werden sich einstellen. Ein neues Stärkegefühl wird in uns entstehen. Die Folge davon ist, daß wir unsere Schwierigkeiten überwinden werden.

10. Dezember

Ein Pilot erklärte mir, einige der großen Düsenflugzeuge hätten den Flügeln entlang eine Reihe von Leitblechen, die bewirkten, daß Luft gegen das Heck des Flugzeugs gewirbelt werde. Dies schafft die für die Richtungsgenauigkeit beim Fluge nötige Turbulenz. Ist die Luft zu ruhig, muß eine gewisse stürmische Bewegung zugesetzt werden, um die Flugbedingungen zu verbessern. Vielleicht dienen Leid und Not für den Menschen demselben Zweck. Kann sein, daß wir «Turbulenz» brauchen, um einen Richtungssinn zu entwickeln, damit wir am Ende das Reiseziel erreichen, das uns in unserm Leben bestimmt ist.

11. Dezember

Ein bekannter Amerikaner erzählt die Geschichte, wie er nach einem heftigen Blizzard mit dem Wagen im tiefen Schnee steckenblieb und wie seine Bemühungen, den Wagen wieder freizubekommen, nur dazu führten, daß sich die Räder immer tiefer in den Schnee gruben. Da kam ein muskulöser Jugendlicher mit einer Schaufel in der Hand die Straße entlang. Nachdem er sich die Situation genau angesehen hatte, machte er sich unverzüglich an die Arbeit und befreite den Wagen. «Vielen Dank», sagte der dankbare Besitzer und streckte dem Jugendlichen ein paar zusammengefaltete Dollarnoten hin. «Keine Ursache», meinte der Jugendliche lächelnd. «Ich gehöre dem TAZ-Club an.» «Nie davon gehört.» «Doch sicher», lachte der Junge. «Das ist der Tu-anderen-zuliebe-was-du-möchtest-daß-man-es-dir-zuliebe-tue-Club.» Er winkte mit der Hand, strahlte und war weg.

12. Dezember

Um Mut zu bekommen, denken Sie sich Mut. Wir werden so, wie wir denken. Während Sie sich Mut denken, wird Mut Ihre Gedanken erfüllen und Angst verdrängen. Je mutiger Ihr Denken ist, desto größer wird Ihr Mut sein. Handeln Sie mutig. Setzen Sie den «Als-ob»-Grundsatz in die Tat um. Handeln Sie, als ob Sie mutig seien, und Sie werden so werden, wie Sie denken und handeln. Ein Mensch sollte um Mut beten, wie er um sein täglich Brot betet. Und Ihr Gebet um Mut wird Sie befähigen, mit Mut zu denken und zu handeln.

13. Dezember

Reservieren Sie sich regelmäßig eine bestimmte Zeit, um Ihre Gedanken und Gefühle willentlich zu beruhigen, damit Sie mit Ihrem tiefern Selbst kommunizieren können. Wenn der Geist von dem Lärm, der Hektik und der Verworrenheit des modernen Lebens aufgewühlt ist, vermögen wir die kreativen Tiefen in unserm Innern nicht richtig zu Rate zu ziehen, wo Antworten auf unsere verwirrenden Probleme liegen. Denken Sie an Thomas Carlyles Worte: «Stille ist das Element, in dem sich Großes formt.»

14. Dezember

Wagen Sie zu sein, was Sie sein sollten; wagen Sie zu sein, was Sie zu sein träumen; wagen Sie, das Beste zu sein, was Sie sein können. Je mehr Sie wagen, desto sicherer werden Sie genau das erreichen, was Sie wagen. Wenn Sie die Dinge jedoch zaghaft angehen und sich sagen, «Ich fürchte, ich werde es nie schaffen» oder «Ich weiß doch, daß ich das nicht kann» oder «Ich habe einfach das Zeug nicht dazu», dann werden Sie ein entsprechendes Resultat erhalten. Träumen Sie große Träume;

wagen Sie große Träume. Haben Sie große Hoffnungen; wagen Sie große Hoffnungen. Hegen Sie große Erwartungen; wagen Sie große Erwartungen. «... Der Herr ist meines Lebens Zuflucht... mein Herz fürchtet sich nicht» (Psalmen 27,1 und 3).

15. Dezember

Ein Feind der Sorge ist die Vernunft. Treten Sie Ihrer Besorgnis mit harter Vernunft entgegen. Sorge ist ein Gefühl; Vernunft ist ein gesunder geistiger Prozeß. Kein Gefühl vermag kühler, überlegter, vernünftiger Analyse lange standzuhalten. Breiten Sie Ihre Sorge aus, und behandeln Sie sie mit Vernunft. Zerlegen Sie sie, und sehen Sie zu, wie ihre Bestandteile sich angesichts der Vernunft auflösen.

16. Dezember

Das Christentum ist nicht nur eine Philosophie; es ist nicht nur eine Theologie. Es ist auch eine Wissenschaft. Eine Wissenschaft ist jegliche Gesamtheit an Erkenntnissen, die sich auf beweisbare Formeln stützt. Jesus gibt uns solche Formeln. Wer liebt, wird von Liebe geprägte Resultate erhalten; wer haßt, wird von Haß geprägte Resultate erhalten. Er sagt uns, wenn wir ein gutes Leben lebten, würden wir innere Freude erfahren. Das Christentum tut seine Wirkung für alle, die es damit versuchen.

17. Dezember

Unser Taxi schaffte in jener Vorweihnachtszeit in fünfzehn Minuten etwa zwei Häuserblocks. «Dieser Verkehr ist eine Katastrophe», schimpfte mein Begleiter. «Er nimmt mir das ganze bißchen Weihnachtsstimmung, das ich habe.» Mein anderer Begleiter war philosophischer. «Es ist schon unglaublich», sinnierte er, «ganz und gar unglaublich. Denkt doch bloß – ein Kind, das vor über neunzehnhundert Jahren mehr als achttausend Kilometer von hier geboren wurde, verursacht ein Verkehrschaos auf der Fifth Avenue in New York. Tja, das ist tatsächlich unglaublich!»

18. Dezember

Ich denke oft daran, wie meine Großmutter mit Gott und über Gott zu sprechen pflegte – so schlicht und unkompliziert wie mit ihrem Nachbarn. Als ich ein Junge war, sprach sie zu mir von Gott als einem gütigen Vater, von Christus als dem Haupte des Hauses. Sie hatte ein gerahmtes Plakat aufgehängt, auf dem stand: «Christus ist das Haupt dieses Hauses, der Ungesehene Zuhörer jeden Gesprächs...» Christus war jederzeit zugegen. Er war sehr nahe, weil Großmutter und Großvater das religiöse Gespräch pflegten. In jenen Tagen tauschten sie ihre religiösen Erfahrungen aus und sprachen über die tiefsinnigen Dinge des Lebens. Mit jemandem über Gott zu sprechen bringt uns Ihm näher.

19. Dezember

Jedermann hat sowohl eine bessere als auch eine schlechtere Seite. Ein Dichter hat einmal gesagt: «In jeder menschlichen Brust gibt es ein unsichtbares Schlachtfeld, auf dem zwei entgegengesetzte Kräfte aufeinanderprallen und selten zur Ruhe kommen.» Für jeden Menschen ist die große Frage, welche der beiden den Sieg davontragen und in ihm vorherrschen soll, die schlechtere oder die bessere. Wir müssen dafür beten, daß es die bessere sein wird.

20. Dezember

«Das ist die Erquickung...», hat der Prophet Jesaja gesagt (28,12). Diese wenigen Worte erinnern uns an eine Quelle kühlen Wassers. Sie haben eine erneuernde Eigenschaft. Der häufige Gebrauch dieses Textes hat eine belebende Wirkung. Nach einem anstrengenden Tag oder inmitten ermüdender Detailarbeiten, wie etwa in der Vorweihnachtszeit, sollte man diese Worte still für sich wiederholen und beachten, wie sie Müdigkeit verscheuchen und Körper, Geist und Seele erfrischen. Man muß sie langsam sagen und dabei ihre weiche, ruhige Melodie hervorheben. Dabei stelle man sich vor, wie Frieden, Ruhe und Erholung einen zunehmend erfüllen. Es wird auch tatsächlich so sein.

WINTER

Winter! Einige lieben ihn nicht sehr, ertragen ihn aber. Andere entfliehen ihm in wärmere Gegenden und weilen unter Palmen an südlichen Seeufern oder an Meeresstränden. Als Anhänger des ewigen Sommers und Verehrer höherer Temperaturen kennen sie die rauhen Freuden des Winters längst nicht mehr.

Doch einige von uns sind große Freunde der vier Jahreszeiten. Wir haben so lange damit gelebt, daß der Wechsel der Jahreszeiten zu unserm ererbten Lebensstil gehört. Und wenn wir auch ab und zu über Eis und Schnee schimpfen – so ungern haben wir den Winter gar nicht; im Gegenteil, meistens haben wir auch an ihm unsere Freude.

Eine Sommernacht im Juni oder Juli kann von hinreißender Schönheit und zauberhaft sein, doch dasselbe läßt sich von manchem Winterabend im Dezember oder Januar sagen. Da knirscht der Schnee unter den Füßen, ist die Nacht klar und kalt, glitzern die Sterne am Himmel und scheint der Mond so hell, daß sein Licht mit dem der Mittagszeit wetteifert. Die Farbenpracht wärmerer Gegenden läßt sich zwar kaum beschreiben, und die exotischen Düfte von tropischen und subtropischen Blumen können nicht in Worten ausgedrückt werden. Und doch – auch Schwarz und Weiß haben ihre Schönheit, sowohl jede der beiden Farben für sich als auch beide kombiniert.

Erst kürzlich hielten Ruth und ich bei der Rückkehr von einem nachmittäglichen Winterspaziergang auf unserer Farm auf dem Quaker Hill gleichzeitig inne, gefesselt von der Schönheit des Anblicks, der sich uns bot.

Unser Haus auf dem Hügel hob sich weiß vom blauen Himmel ab, seine stattlichen korinthischen Säulen leuchteten im Scheine des frühen Sonnenuntergangs im Westen. Ein dicker Schneemantel bedeckte das Land, und die Bäume und Sträucher waren wie mit Girlanden geschmückt. Die langen weißen Zäune verloren sich in der Ferne, gesäumt von gigantischen Ahornbäumen, die sich scharf und schwarz vor den Hügeln in ihrem weißen Kleide abzeichneten. Lange Strahlen goldenen Sonnenlichts lagen über den schneebedeckten Wiesen, während sich der Winterabend kalt und streng herabsenkte. Dies war eine Pracht in Schwarz und Weiß, die von einem goldenen Schimmer überzogen war. Ruth stimmte mir begeistert zu, als ich ausrief: «Auf seine eigene herrliche Art muß das hier ganz einfach ebenso schön wie der Süden sein.»

«Ja», entgegnete sie, «aber ist nicht Gottes ganze große Welt schön, im Norden, im Süden oder wo auch immer?»

Die Winterstille hat auf den nachdenklichen Geist eine bedeutungsvolle Anziehungskraft. Auf Ski über das Land in ein einsames Wäldchen zu gleiten und dann stillzustehen und zu verharren, bis man die greifbare Stille spürt, heißt – in einem tiefen Sinne – eins sein mit dem Kern des Lebens. Ich bin schon im Hochsommer allein in jenem Wäldchen gewesen, doch ist die Natur dann nicht so still, denn rundum lebt es. Im Winter beschleicht einen der Natur unglaubliche gänzliche Stille, wenn auch die heilsame Wirkung der sanften Berührung der Natur zu beiden Zeiten spürbar ist.

Doch ob es nun die wachsende Veränderung sei, welche die Natur mit ihrem Frühling bringt, ob es die Fülle ihres Sommers, die flammende Pracht ihres Herbstes oder endlich die strenge Kälte ihres Winters sei – der Herrgott hat sie alle für uns gemacht.

21. Dezember

Vielleicht ist Mut eine grundlegende Lebensqualität, die uns von Gott gegeben wird. Mut richtet in Krisen den Geist auf. Es mag Augenblicke geben, in denen allein Mut zwischen uns und dem Unheil steht. Über die Jahre hinweg wird es Zeiten geben, wo wir unbezähmbaren Mut brauchen, um weiterzumachen, wenn das Leben voller Mühsal ist. Und wo liegt die Quelle solch unbezähmbaren Mutes? Gewiß in dem Gefühl von Gottes Gegenwart, das uns Seine Worte «Ich bin immer bei euch» vermitteln.

22. Dezember

Unsere Kinder sind die Staatsbürger der Zukunft. Wir müssen ihnen beibringen, nicht zu lügen und nicht zu betrügen, sondern ehrliche Menschen zu sein wie die standhaften, anständigen Vorväter, die unsere Staaten schufen. Ein unehrlicher Lebenswandel ist ein Schlag gegen unsere Staaten, denn ein freies Land kann nur durch integre Männer und Frauen überleben. Sagen wir unseren Kindern, daß das Jesuskind gekommen sei, um die Menschen gut zu machen.

23. Dezember

Welch größeres Glück kann eine Familie erfahren als die Ankunft eines Kindes! Das ist doch gewiß ein Zeichen dafür, daß Gott diese Ehe und dieses Heim gesegnet hat. Ein Kind ist Gottes Meisterwerk – eine wunderbare Schöpfung Seines unendlichen Geistes. Die Ankunft des Jesuskindes hat der Welt große Freude gebracht.

24. Dezember

Der amerikanische Dichter James Russell Lowell hat in «Ein Weihnachtslied» geschrieben:

Die ihrer Seel' nicht Unrecht bringen
Und ihren Glauben nie verloren,
Vernehmen stets der Engel Singen:
«Heut' ist der Friedensprinz geboren!»

Ein lebenslanger Glanz umgibt die Weihnachtszeit, von der Kindheit bis zum hohen Alter. Es ist ein unaussprechlicher Glanz. Erhalten wir ihn uns immerdar.

25. Dezember

Die Weihnachtsgeschichte wird mit einem Liede eingeleitet: «... und Friede auf Erden und den Menschen ein Wohlgefallen» (Lukas 2,14). Alle waren froh, denn etwas Wunderbares war geschehen. Ein großer Lehrer war auf die Erde gekommen, um das einfache Geheimnis von Frieden und Freude zu verkünden. Und was für ein Geheimnis das ist! Wenn wir Frieden in unseren Herzen haben, haben wir auch Liebe in unseren Herzen und Wohlwollen allen Menschen gegenüber. Wer anders als unser Herr hätte sich einen so einfachen Weg zum Glück denken können? Und unser Erretter, dessen Geburt wir am heutigen Weihnachtstage feiern, erlöst uns von unseren Sünden und nimmt uns ins ewige Leben auf. Kein Wunder, daß wir heute glücklich zueinander sagen: «Frohe Weihnachten!»

26. Dezember

Wir stoßen uns sehr an Feindschaft, die uns andere entgegenbringen, machen uns aber gewöhnlich wenig Gedanken über die unfreundlichen Gefühle, die wir für sie hegen. Wir finden, der andere sollte sich ändern, ziehen hingegen kaum in Betracht, daß wir uns selbst ändern sollten. Daß wir uns selbst innerlich ändern – das ist die wahre Lösung. Der Geist der Weihnachtszeit kann uns helfen, das zu tun.

27. Dezember

Ein Arzt erzählt, siebzig Prozent seiner Patienten zeigten in ihrer Krankengeschichte Ressentiments. «Mißgunst und Groll tragen dazu bei, die Menschen krank zu machen», versichert er. «Vergebung vermag bei der Besserung ihres Zustandes mehr auszurichten als manche Tabletten.» Also ist es gesund zu verzeihen – ganz abgesehen davon, daß es der richtigen Lebensweise entspricht. Gewöhnen Sie sich an, die guten Seiten der Menschen zu suchen. Jedermann hat sie. Dieser Gedanke kann Ihnen vielleicht helfen, sich auf gute Tage im bevorstehenden Jahr vorzubereiten.

28. Dezember

Der römische Kaiser Mark Aurel hat gesagt: «Das Leben ist, wozu es unsere Gedanken machen.» Der Heilige Paulus hat im wesentlichen das gleiche gesagt: «... wandelt euch um durch die Erneuerung des Sinnes...» (Römer 12,2). Dies ist das große Geheimnis, welches das Christentum über die Jahrhunderte hinweg den Menschen gegeben hat und mit dem es sie von oberflächlichen zu lebenskräftigen, von toten zu lebendigen, von schwachen zu starken, von stumpfen zu wachsamen Menschen gemacht hat. «Ich lebe, aber nicht mehr ich, sondern Christus lebt in mir» (Galater 2,20).

29. Dezember

Während das alte Jahr zu Ende geht, können Sie als eine der wichtigsten Fähigkeiten die des Vergessens entwickeln. Wollen Sie wirklich über Mißerfolge und unerfreuliche Erfahrungen hinwegkommen, so müssen Sie imstande sein zu sagen: «Also gut, ich habe diese Erfahrung gemacht – aber jetzt werde ich sie vergessen.» Tun Sie es dann auch! «... ich vergesse, was hinter mir ist, strecke mich aber nach dem aus, was vor mir ist, ... das Ziel im Auge...» (Philipper 3,13 und 14).

30. Dezember

Damit Sie das neue Jahr richtig anfangen können, empfehle ich Ihnen, ein tieferes inneres Leben und Erleben zu finden. Etwas geschieht tief in Ihrem Innern, und danach sind Sie von Freude, Wärme und Schönem erfüllt. Das mag sich rasch und dramatisch zutragen. Es könnte heute geschehen. Es kann aber auch eine sich entwickelnde Erfahrung sein, etwas, das sich entfaltet wie eine Rose, das mit einer Knospe beginnt und mit vollem Erblühen endet. Doch auf welche Art und Weise es auch vor sich gehen mag – es ist die schönste Erfahrung, die ein Mensch machen kann.

31. Dezember

Das Folgende ist ein Gedanke zum Silvester, der Gewähr dafür leistet, daß wir von nun an jeden Tag zu einem guten Tag machen können. Paulus sagt: «... in einem neuen Leben wandeln» (Römer 6,4). Was heißt das? Es heißt ganz einfach sich von all den alten Hemmschuhen befreien, die einen so lange behindert haben: Ressentiments, Unehrlichkeiten, Ausflüchte, Ängste,

Schwächen und so fort. All das muß verschwinden, auf daß wir «in einem neuen Leben wandeln» können. Wenn wir uns erneuern, haben wir das Bedürfnis, aufrecht und mit erhobenem Kopfe zu gehen, denn wir verspüren frische Kraft in uns. Damit Gott unserm Leben neue Impulse verleihen kann, auf daß es uns möglich werde, «in einem neuen Leben zu wandeln», müssen wir gewisse Dinge endgültig hinter uns lassen. Wir müssen ihrer so leid, so überdrüssig werden, daß wir nichts mehr damit zu tun haben wollen. Ist man voller Angst gewesen, so soll man Schluß damit machen, voller Angst zu sein. Ist man voller Irrtum gewesen, so soll man damit Schluß machen. Sagen wir, «Durch Gottes Gnade ist es für mich erledigt», und übernehmen wir die Kontrolle über uns wie noch nie zuvor.

Und dann wird es mit Sicherheit
ein glückliches neues Jahr für uns sein.

Inhaltsverzeichnis

Bücher für positive Lebensgestaltung

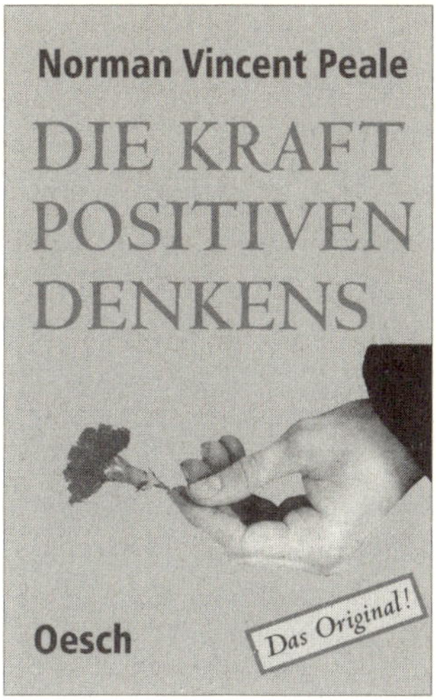

Norman Vincent Peale

Die Kraft positiven Denkens

318 Seiten, Leinen
mit Schutzumschlag,
Leseband
ISBN 3-85833-498-7

Dr. Norman Vincent Peale ist kein Theoretiker; mit einer Fülle von Beispielen aus dem täglichen Leben zeigt er, daß eine bestimmte Geisteshaltung unser Leben tatsächlich verändern kann.

Dies ist das Buch der Hoffnung und der Zuversicht. Der unkomplizierte Lotse in ein neues Leben voller Freude und Begeisterung.

OESCH VERLAG
Jungholzstraße 28, CH-8050 Zürich
Erhältlich in Ihrer Buchhandlung
Bitte verlangen Sie weitere Informationen über unser
Programm direkt beim Verlag

Bücher für positive Lebensgestaltung

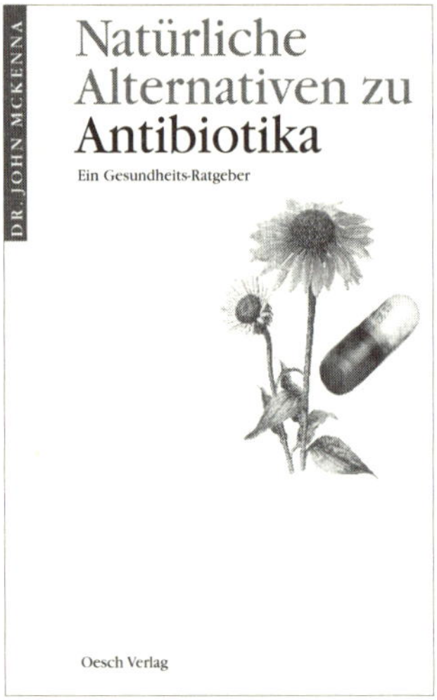

Dr. John McKenna

Natürliche Alternativen zu Antibiotika

Ein Gesundheits-Ratgeber

222 Seiten, gebunden,
mit Schutzumschlag
ISBN 3-85833-462-6
Jetzt in Ihrer Buchhandlung

Ziel dieses Ratgebers ist es, wieder eine ordentliche Portion Menschenverstand in die klinische Medizin einfließen zu lassen und sanftere Heilmethoden zu fördern.

Geschichte, Gefahren von Antibiotika (Resistenz, mögliche Entwicklung von »Superbazillen«) – und die natürlichen Alternativen zur »chemischen Keule«.

OESCH VERLAG
Jungholzstraße 28, CH-8050 Zürich
Erhältlich in Ihrer Buchhandlung
Bitte verlangen Sie weitere Informationen über unser Programm direkt beim Verlag

Bücher für positive Lebensgestaltung

Prof. Dr. Jakob Keller

Waffen gegen Krebs

Erfahrungsbericht eines Überlebenden

ca. 140 Seiten, gebunden,
mit Schutzumschlag
ISBN 3-85833-577-0
Jetzt in Ihrer Buchhandlung

Ende 1994 entdeckt Keller in der Achselhöhle einen stark angeschwollenen Lymphknoten. Der ärztliche Befund ist niederschmetternd. Keller hat nur noch wenige Monate zu leben.
Heute ist Keller genesen und frei von Krebs. Ob auf Dauer oder vorübergehend ist vorerst ungewiß. Aber Keller ist voller Zuversicht, erneute Attacken abwehren zu können.

OESCH VERLAG
Jungholzstraße 28, CH-8050 Zürich
Erhältlich in Ihrer Buchhandlung
Bitte verlangen Sie weitere Informationen über unser Programm direkt beim Verlag